【目次】
古代ローマ旅行ガイド
一日五デナリで見る古代ローマ

ローマ地図……8

第1章
行きかた……11
プテオリ、出発

第2章
ローマ周辺……29
邸宅(ウィラ)、水道橋、霊廟、市境(ポメリウム)、城壁と門

第3章
泊まる……48
どこに泊まるか——7つの丘、宿の種類、衛生設備、急病になったら、服装、食事

第4章
出かける……92
外で食べる、人に会う、ローマ人の名前、社会階層、奴隷、家庭

第5章
ショッピング……119
どこで買うか、両替、なにを買うか、按察官

第6章
法と秩序……136
近衛軍、首都駐留軍、夜警隊、犯罪、裁判所、牢獄、刑罰

第7章
楽しむ……155
コロッセウム、キルクス・マクシムス、劇場、売春と売春宿

第8章
宗教……196
見ておきたい神殿、パンテオン、祭祀

第9章
見どころ……218
ローマ広場(フォルム・ロマヌム)、ティトゥスの凱旋門、皇帝たちの広場、記念柱、
聖ペトロの墓、公衆浴場

第10章
ローマを歩く……243
パラティヌス丘、ティベリス河のほとり、マルスの野

役に立つラテン語会話——酒場で・デートで・市場で・家庭の平和・見知らぬ人に・宿泊・ていねいな表現・一般的表現……262

イラストの出典……269

索引……270

著者による注

　この旅行ガイドの舞台は西暦200年ごろのローマだが、典拠として用いた資料の年代は300年以上にわたる。ラテン語の翻訳については、ドクター・ジム・エイトキンにご協力をあおいだ。また、ドクター・ジョーン・ベリーとニコラス・パーセルには、貴重な意見やアドバイスをいただいた。とはいえ、本書の文責はすべて著者にある。生まれついての旅人、ピートとジュディにも本書を捧げたい。ふたりとも、できるものならここへ行きたいと言ってくれるにちがいない。引用文の翻訳はすべて著者自身による。引用文のあとに CIL と書かれているのは、Corpus Inscriptionum Latinarum——ラテン語銘文集成〔壁や石に書かれたローマ時代の文章を集めた資料集。ポンペイの落書なども収録されている〕——の略だ。

古代ローマ旅行ガイド
―― 一日5デナリで行く ――

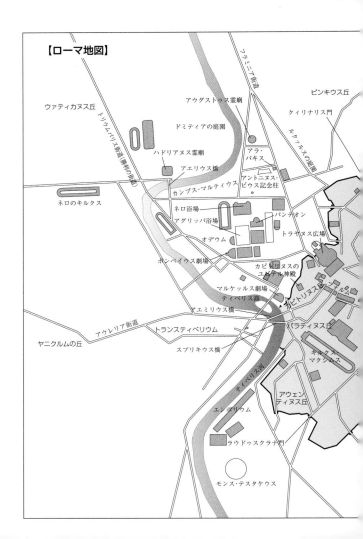

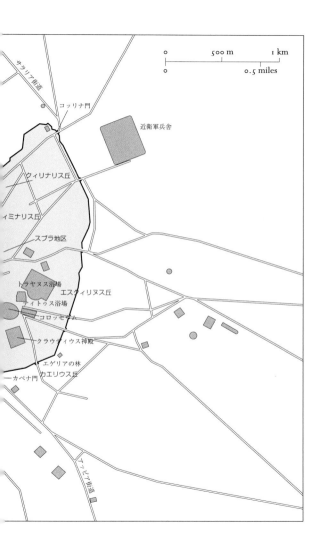

ローマに凱旋するマルクス・アウレリウス帝

第1章
行きかた

プテオリ、出発

す べての道はローマに通ずとは言うものの、行く道は慎重に選ぼう。また、行く時期も同じぐらい重要だ。あまり早い季節だと冬の嵐に難儀するし、あまり遅いと祭も行事も終わっているうえ、みんな夏の暑さを避けて海辺の避暑地バイアエか、涼しいトスカナの山々に行ってしまう。もっと遅くなれば、ちょうどじめじめした秋の始まりにぶつかる。年じゅう不健康な都だが、そのうちでもとくに健康によくない季節に訪れることになるのだ。

早い話、旅の計画は慎重に立てよう。前もってしっかり用意しておけば、なにがあってもあわてずにすむ。ローマには *Festina lente*（フェスティナ・レンテ「ゆっくり急げ」）ということわざがあるが、これはよいアドバイスだ。ローマでどこに泊まるか、支払いはどうするか、どんな旅行手段が使えるか、調べるとびっくりするかもしれない。ロー

マは2000年も前の都市だが、それでも驚くほど進んでいたのである。

　まずはできるだけ早く、ローマで泊まるところを確保しよう。それには、こっちの町へやって来たローマ人に宿を提供して歓迎するのがよい。ローマ人は旅行好きで、どこのだれにも負けず（というよりどこのだれよりもずっと）倹約家でもある。そしてまた、親切にされると恩返しをしなくてはと感じるたちだから、ローマからの客人と *hospitium*（ホスピティウム、「よしみ」）を結べば、ローマに来ることがあったらぜひうちに泊まってくれと、きっと言い残していくだろう。だからこそ、ローマからちょっと地位のある客人が来るとなると、みんなが先を争って食事や宿を提供しようとするのである。しばらく客を泊めるという比較的ささやかな不便をしのぶだけで、帝都に答礼訪問をしたときに同程度の宿を提供してもらえるわけだから、これはなかなか悪くない方法だ。

　ローマの滞在費は安くないし、そこまで行くにも金がかかる。帝国の中心部は取り締まりがしっかりしていて、道路はだいたい安全で強盗に遭うことはまずないが、ひったくりやチンピラは少なくないし、旅行者はカモと見られやすい。

　たどり着いたときはうれしかったが、
　立ち去るときはさらにうれしい
　またローマが見られる、そして故郷の神々に会えるのだ。
　　　　　　　　　――ポンペイの落書　CIL4・1227

ローマの旅人はふつう、現金は袋に入れて首に巻くか、腰のベルトに入れて持ち運ぶ。できれば持ち歩く現金は旅に必要な最低限の額にして、残りはローマで引き出すほうがいい。

　そのやりかたはこうだ。大きな海運組合や商館はみな外国に事務所を構えているし、目端の利く都市は帝国じゅうに代理人を置いていて、旅する市民の身体財産の安全を守るために便宜を図っている。

　そういうローマに事務所を持つ組織団体を見つけて、永遠の都ローマで使うお金を預けるのだ。歩合はとられるが（交渉して値切るのを忘れずに！）、代理人が受け取りを寄越すから、それをローマの事務所で現金に替えればいいのである。これで旅行中に持ち運ぶ現金を減らすことができるし、向こうに着いたときローマのお金に両替する手間も省ける（第5章の「両替」参照）。

　旅程を短縮して宿泊費を節約したければ、最初の行程は海路が一番だ。カンパニア地方のプテオリ港まで船で行き、そこから北上すればローマまで数日で行ける。最寄りの大きな海港の船会社と話して、乗船の手はずを整えよう。理想的なのは、カプア行きの貨物を運ぶ商船に春先に乗せてもらうことだ。もっと早く着きたいなら、ローマの海港オスティアに向かう穀物船を探そう。ただこの場合、アッピア街道を行く楽しみは味わえなくなる。異論はあるかもしれないが、アッピア街道といえば古代世界で最も有名な道路なのに。

　アドリア海を渡る臨時の渡し船をべつにすれば、客船は

存在しない。しかし、たいていの商船は旅客を乗せてくれる。ただしよい船会社を使おう。海に出たら客を海に突き落として荷物を奪おうという、ふらちな船長に当たらずにすむ。共和政ローマの末期にはひどかったが、そのころに比べるとそういう海賊行為は大幅に減った。とはいえ、いかがわしい船がないわけではないからご用心！

出発の日が決まったら、どこに住んでいるかによるが、出国許可が必要になるかもしれない。いくらかかるかよく調べておこう。たとえば帝国東部では、8ドラクマから108ドラクマというところだが、これを決めるのは総督府だ。判断基準は、地元経済にとってその人がどのていど価値があるかということである（帝国の役所ではつねにそうだが、要所に「友だち」がいればこういうささいな問題は消えてなくなる。だから、そういう友だちを作るのにいくらかかるか、あくまでもそれとなく、探りを入れてみよう）。

船旅中の食料は自分で用意していこう。調理用・飲料用の水は船長が用意する。うまく頼めば、あるいは余分に料金を払えば、船の調理室(ギャレー)を使わせてもらえて、そこで食事の支度をすることができる。次ページの表は、船旅にかかる最低の日数をまとめたものだ。ただし、風向きや天候によってはもっと長くかかることも珍しくないし、へたをすると目的地とはかけ離れた場所に着いてしまうこともある。

黄金の装身具を持ってきなさい。ただし人に見られないように隠しておくこと。
——駐屯地を訪ねてくる妻に書き送ったローマ軍兵士の手紙

☞ 船旅の最低所要日数

経路	距離 (単位：キロ)	日数
レギウム（イタリア南部）―プテオリ	280	1.5
アフリカ―オスティア	435	2
カルタゴ―シラクサ	420	2.5
タウロメニウム（シチリア）―プテオリ	330	2.5
マッシリア（マルセイユ）―オスティア	610	3
スペイン（北部）―オスティア	820	4
アレクサンドリア―エペソス	765	4.5
コリント―プテオリ	1080	4.5
アレクサンドリア―メッシナ（シチリア）	1335	6〜7
カルタゴ―ジブラルタル	1320	7
ヘラクレスの柱（ジブラルタル）―オスティア	1505	7
アレクサンドリア―プテオリ	1600	9

　船旅と聞けば、ローマ人ならはっと息をのみ、悲しそうに首をふるだろう。ローマ人は根っから陸者で、海を心底嫌い、船に乗るのは死ぬときだと頑固に思い込んでいるのだ。地中海の底には古代の難破船が大量に沈んでいるから、たしかにそのとおりだった人がおおぜいいるわけである。ペトロニウスの『サテュリコン』に描かれる愉快な船旅と、目的を果たせなかった旅人の愉快ならざる運命を心して読もう。

　　死人は岸に打ち寄せられ、波に揺られてぷかぷかしている。
　　私は悲しみに暮れてそこに立ち、涙に濡れる目で気まぐれな

自然のわざを見つめ、ひとりこうつぶやいた。「おそらくこの世のどこかに、ぬくぬくと安全なところで、この気の毒な男の帰りを待っている奥方がいるのだろう。あるいは息子か、父親かもしれない。嵐や難破にあうなどとは夢にも思わずに。愛情をこめてキスをして、別れてきただれかがきっといるはずだ。つまりこれが、人の計画の結末ということなのか。夢に描いた壮大な企図の、これがその完成というわけか。波に揺れているあの様子を見るがいい！」

——ペトロニウス『サテュリコン』115

　これほど悲観的に見られていたわりに、海運業は大いに栄えている。これほどの隆盛は、その後ゆうに1000年以上も見られないぐらいだ。現代の超大型タンカーに当たるのが、アレクサンドリアからの大型船だ。これは1隻で100人から200人の旅客を乗せたうえに、エジプトの穀物を350トンも積み込むことができる。しかし、ほとんどの旅行者はもっと小さい船を使う——ポンペイの住宅の漆喰壁に描かれた、貨物船〈エウロパ〉のような。これは長さが20メートル強、船尾と船首が高くせりあがり、大きな横帆で風を受け、後部の櫂で舵取りをする船だ。ひとつきりの船室は船長用で、船員こと奴隷たちと同じく、旅客は甲板で寝起きしている。

　頭がおかしいのでもないかぎり、11月12日から3月10日のあいだに船を出す船長はいない。この期間は *mare clusum*（マレ・クルスム、「閉ざされた海」）と呼ばれる時期で、冬の嵐で海が荒れて航海など考えられないのだ。実際

には、よほど緊急の用件でもなければ、少なくとも3月27日までは待つほうが無難だ。とはいうものの、月末に海上に出ているのは縁起が悪いので、船旅に出られるのはおそらく4月初めになってからだろう。そのころなら、船長がとくべつ念入りに犠牲を捧げていれば（あるていど長期間の航海に出る前はかならずそうするのだ）、船はエテジア風に恵まれるだろう。これは航海の季節に吹く軟風で、地中海周辺の貿易の後押しをしてくれる季節風だ。

商船が港に近づいてくる。これはポルトゥス港、ティベリス河の支流に面し、名高いローマの港オスティアから数マイルの港だ。帆に見える VL の文字は Votum Libero（ウォトゥム・リベロ、「解放奴隷による奉献」）の略。甲板の船員たちは、船と積荷の無事の到着に感謝して犠牲を捧げている。波止場に立つのは三叉の矛を持つ海神ネプトゥヌス。

第1章 行きかた 17

プテオリ

プテオリは、かつてイタリアの主要な港だった。それどころか100年前には、ギリシャのデロス島（奴隷貿易の一大中心地）と並んで地中海最大の港だったのだ。プテオリでは陶器や繊維製品の貿易も知られているが、とくに名高いのは「プテオリの土」だ。これを主成分として生まれたのが奇跡の建築材料コンクリートで、ローマ人は史上初めてその可能性を最大限に活用した。ローマのコンクリートはきわめて品質が高く、21世紀の基準すらわずかながら上まわるほどだ。

入港すると、港の税関吏の歓迎に耐えなくてはならない。いつどこの密輸監視官も同じだが、ローマの税関吏も礼儀の足りないぶんをありあまる職権で補っている。

少なくともプテオリはローマの港だ——名目上はローマに属していない港、たとえばタレントゥムとかネアポリスで下船すると、荷物はまずその土地の役人に荒らされ、その後「ローマの」領域に入るときにまた荒らされる破目になる。

dies nefastus（ディエス・ネファストゥス、「禁忌日」）、つまり市場の公休日に着いたときは、その後の旅の準備が遅

密輸品を捜索するといって、かれら［税関吏］は袋や包みを引き裂く。これは法律で認められている行為だから、文句を言ってもしかたがない。
　　——プルタルコス『倫理論集』より「好奇心について」

れることになる（ディエス・ネファストゥスは、不幸な出来事があった日のことが多い。たとえば7月18日は、前390年ごろにローマ軍がガリア勢にこてんぱんにやられた日である）。プテオリでは、時間があったら壮麗な円形演技場を見に行こう。全体の大きさは149×116メートル、闘技場の大きさは75×42メートルである。有名な暴君ネロが、ここで試合に出場したといわれている。もっとも現在の建物は、ネロに続くフラウィウス朝〔後69〜96年〕時代の建造だ。また水道橋も見どころのひとつ。なにしろ、2000年後にもまだこの市に水を運んでいるのだ。

しかし、狭苦しい船で旅してきたあとだろうから、まず立ち寄りたいのはプテオリの *thermae*（テルマエ、「公衆浴場」）だろう。ここは地元の温泉から湯を引いている。汗を流してさっぱりしたところで、セラピス神の巨像に向かって歩いていこう。この像は地元の市場に鎮座しており、市場は好都合にも港の近くにある。今後の旅の準備をここで整えよう。

街道を行く

街道を快適に旅できると期待してはいけない。スプリングのついた車などないに等しいし、たいていの車軸はどうにか回転できる程度の脂しか塗られていない。滑りの悪い車軸のきしむ音が、ローマに着くまでずっと旅のお供を務めることになる（ただし、重い荷車は日中のローマ市内への立ち入りは禁じられている）。馬はめったに使われない。使うのはまず帝国郵便か軍隊だけだし、そもそもと

くに快適な輸送手段でもない。ローマ時代には鞍はまだ発達していないし、あぶみは登場すらしていないからだ（あぶみがイタリアに入ってくるのは何世紀もあと）。しかし、徒歩を選ぶ人（そういう人は少なくない）は荷物を運ぶのにロバを使うことはある。

　ふたり連れなら、*birota*（ビロタ）を使ってはどうだろう。名前からわかるとおり（bi rota は「ふたつの車輪」の意）、軽量で比較的速度の出る二輪車である。旅行者が使うものとしては、最も戦車(チャリオット)に近い。この（派手に装飾されていることが多い）古代のスポーツカーは、ちゃんとした乗物というより、たいていは裕福な若者のおもちゃである。家族で旅行するなら、*carruca dormitoria*（カッルカ・ドルミトリア、「大型で覆いのある荷車」）を選ぶのもよい。なかで家族そろって眠れるから、宿屋に泊まる費用を節約できる。

　とくに裕福な人々は担い駕籠〔寝台または寝椅子に長柄をつけた乗物。屋根やカーテンがつく〕か、少なくとも椅子駕籠を使う。これは4人から8人の奴隷がリレー式に運ぶもので、先に立って通り道から人々を追い払う従僕がつく。共和政ローマ時代の初期には、担い駕籠は病人やよほど体力の衰えた人の使うものと見なされていたが、近ごろでは広く使われるようになった。

　すばらしいローマ道は帝国の驚異だが、そのうち最初に建設されたのが〈アッピア街道〉だ。かつてのどんな文明も、これほどの規模の道路網を生み出したことはなかった。道はたいてい地形に応じて作られ、人の踏み固めた古い道をそのままなぞるものだった。しかしローマ道は、精密に

アッピア街道はローマ市外に伸びる人通りの多い通勤路で、両側には霊廟が建ち並んでいる。これら死者の住まいには、アパートメント並みに巨大なものも多い。たとえば、奥に見えるカエキリア・メテッラの巨大な丸い霊廟は、高さは約11メートル、直径は約29メートルもある。

測量をおこなって、どこまでもまっすぐ建設されている。沼沢地を越え、山々を貫いてのびていくのだ。トラヤヌス帝〔在位98〜117〕などは、アッピア街道を海岸沿いに延長するといって、山を削って深さ40メートル近い切り通しを作っているほどである。

　ローマ道はすべて、同じ工法で建設されている。深さ約120センチの幅広の溝を掘り、砂と粗石を底に敷いてしっかりした土台を作る。次に砂利と粘土の層を敷いて踏み固め、仕上げに板石を敷きつめる。しかも、雨水が両側に流れるように、ていねいに中央を盛りあげてある。これだけしっかり作ってあるのに、いささか拍子抜けなことに、たいていの乗物はこの道路を通らない。古代には駄獣にはほとんど蹄鉄を履かせていないため、蹄（ひづめ）を保護するために

第1章 行きかた　21

車はおおむね縁を通り、道路はほぼ歩行者専用なのだ。

　ローマに向かう道には、一定の間隔をおいて里程標石（マイルストーン）が置かれている（ローマの1マイルは、後世の1マイルより95ヤード〔約87メートル〕短い〔したがって約1.5キロになる〕）。このマイルストーンは球形または卵形の石で、この道路はだれが作ったとか維持しているとかいった情報が付け足してあることも多い。とくにそういう付け足しが長いときは、すべて書き込むためにマイルストーンが何個も並んでいたりする。また場合によっては、1マイルでなく1リーグごとにしか石が置かれていないこともある（ローマの1リーグ *leuga*（レウガ）は1.5マイル）。ローマ市内に入ったら、フォルムにある有名な黄金のマイルストーンを忘れずに見よう。実際には大理石の柱だが、アウグゥストゥス帝が建てたもので、ローマ帝国内のさまざまな都市までの距離を記した青銅の銘板で覆われている。

　地図はふつう、旅程の途中途中の地点を示す帯の形をしている。全般的な地形や方角を示すものではないのだ。たとえば、ガデス（現カディス、スペイン南西部の港市）からローマへの旅程を示す銀のカップが3つ（のちにローマのキルヒャー博物館〔ローマ国立博物館の前身〕に収められる）あるが、これにはその旅程の距離や途中の駅の名が刻んである。ほとんどの地図には、帝国の運営する駅（*mansiones*、マンシオネス）が列挙してある。駅には公務で旅する者の交換用の車や馬が用意してあるほか、一般の旅行者向けに食物や宿泊施設も提供している。

　駅はだいたい12マイルおきに置かれているが、駅の宿泊

施設が使えない場合には *stabulum*（スタブルム）がある。これは一種のモーテルで、旅行者用の家畜小屋を備えていて、家畜の世話もしてくれる。イタリア中部アエセルニアで見つかった墓碑銘を読むと、こういう宿泊施設でどんなサービスが受けられたかよくわかる。

「主人（あるじ）、勘定を頼む！」
「ワインが1パイント、パンが1アス［1シリング相当］、それに野菜が3アスで」
「ああ」
「それに女の子が8アス」
「そうだ」
「それと、ラバのまぐさに2アスいただきます」
「くそ、あいつのせいで破産する！」

　短期宿泊施設として最高級なのは *hospitium*（ホスピティウム）だが、それでも充実した設備を期待してはいけない。宿の主人は客を詰め込むだけ詰め込むから、何人と相部屋になるかわからないし、寝床では大量のトコジラミと同衾することになる。安く旅したければ宿は *caupona*（カウポナ）を選ぼう。こちらで相部屋になるのは地元のやくざ者、同衾相手は下層階級のトコジラミというわけだ。また、一夜の宿を提供してくれる個人の住宅がないか尋ねてまわる手もある。そういう住宅には、こんな含蓄のある銘文が掲げてある——「清潔できちんとした旅のかた、部屋貸します。不潔なかた、まことに申し上げにくいことな

第1章　行きかた　　23

がら、やはり部屋貸します」

　こういう住宅では、所持品から目を離してはいけない。宿屋の主人や船長は、手荷物がなくなったさいに賠償責任を負うと法で決まっている（ただし、現金や貴金属については責任を負わないという標示が出ていることが多い）が、個人住宅の持主にはそんな責任はないからだ。

　旅の途中に出会う旅行者はそれこそさまざまだ。危険がいっぱいなのに、ローマ人はよく旅をする。旅行産業は花盛りである。ローマを訪れる旅人も多いが、裕福な家庭の子息はギリシャやエジプトに史跡めぐりに出かけるのだ（そして、あとから来る者に見せようと落書をしたりするわけだ）。

　また、名高い神殿へ巡礼の旅に出る人も多い。神託を求めたり、病平癒を祈ったりして、生き返ったように元気になって戻ってくる——とはいえ、それは神々のご利益というより、運動と田舎のきれいな空気のご利益ではないかという気もする。また実業家や商人はたえず行ったり来たりしているし、なかには異国の動物の檻を運ぶ者もいる。見世物にしたり、血に飢えたローマの円形演技場で殺したりするためだ（第7章「楽しむ」参照）。定期市の予定に合わせて、町々をめぐる地元の商人もいる（地方の町には商店はほとんどなく、定期的に市が立つのである）。旅人のなかに

あてどない旅に出る者もいる。海岸をさまよい、漂泊の思いに心の休まるときがない。どこへ行こうと、また海を行こうと陸を行こうと。　——セネカ『心の平静について』2・13

は兵士もいる。休暇で部隊を離れたり戻ったり、また伝令を務めたり兵站任務で旅したりするわけだ。ローマ市民権を持たない兵士（*peregrinus*、ペレグリヌスという。文字どおりには「外国人」の意）もひじょうに多く、ローマにはそんな兵士たちのためにとくに設けられた地区がある。聖パウロをローマに護送した百人隊長も、そんな外国人兵士のひとりだった。ローマ市民ならだれでも、聖パウロがそうしたように、*Lex Iulia de Appellatione*（レクス・ユリア・デ・アッペラティオネ「控訴に関するユリウス法」の意）に訴えて、ローマに行って皇帝による裁判を求めることができるし、実際そうする者は少なくない。

　詩人ホラティウスはアッピア街道を旅したことがある。彼の日記から、その旅の印象を伝える箇所を抜粋しよう（ホラティウスは反対方向に旅しているので、抜粋は逆順に並べてある）。

　　今日は車で24マイル以上も進んだ。夜をどこの町で過ごしたか、名前は出さないつもりだが、ヒントを入れておくのは簡単だろう。どこでもふんだんにある水が、ここでは金を出して買わなくてはならない。パンはどこのパンより上等だから、この先の旅に備えて余分に買っていくのが賢い旅人というものだ。……
　　いまはベネウェントゥム、アプリア地方の山地だ。このあたりのことはよく知っている［ホラティウスは、ここからほど遠からぬウェヌシアの生まれ］。灼けつく風が山地を吹き抜けているから、ひとつまちがったら山中で行き倒れていただろう。

第1章　行きかた　　25

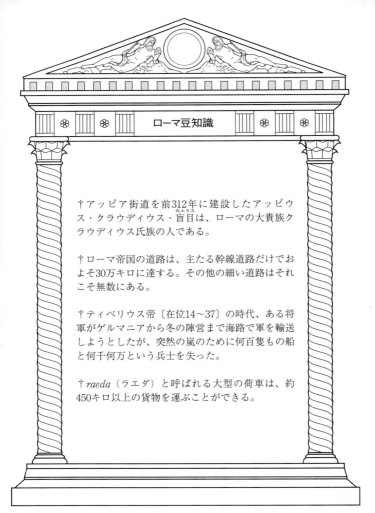

ローマ豆知識

†アッピア街道を前312年に建設したアッピウス・クラウディウス・盲目(カエクス)は、ローマの大貴族クラウディウス氏族の人である。

†ローマ帝国の道路は、主たる幹線道路だけでおよそ30万キロに達する。その他の細い道路はそれこそ無数にある。

†ティベリウス帝〔在位14〜37〕の時代、ある将軍がゲルマニアから冬の陣営まで海路で軍を輸送しようとしたが、突然の嵐のために何百隻もの船と何千何万という兵士を失った。

†*raeda*（ラエダ）と呼ばれる大型の荷車は、約450キロ以上の貨物を運ぶことができる。

トリウィクム近くのこの宿をとってよかった。しかし、目にしみる煙が充満しているのは困りものだ。湿った枝や葉などを火にくべているせいである。ばか丸出しで、私は不実な女を待って夜を半分も過ごしてしまった。とうとう眠りについたときには淫らな夢を見て——寝床を濡らすしまつだ。

　カウディウムでは、やたらに仕事熱心な主人のせいで、宿が危うく焼け落ちるところだった。骨と皮のツグミを串に刺してあぶっていたのだが、床に火花が散ったと思ったら、古い厨房に火がたちまち燃え広がり、屋根に届きそうなほど大きな炎があがったのだ。なんという光景！　みんなが火を消そうと奮闘するのを横目に、腹をすかせた客やおびえた奴隷たちはツグミに飛びついていたものだ。

　シヌエッサで、ウァリウスとウェルギリウス［こちらも有名な詩人］が合流してきた。……その夜は、カンパニアの橋近くの小さな家に泊まった。

　アリキアに向かう途中に通ったアッピウス広場は、船頭としつこい宿屋の主人だらけだった。私たちはのんびりしていて、このあたりを行くのに2日以上もかかった。さっさと旅すれば1日でじゅうぶんな距離なのだが、アッピア街道ではあまり急ぐと疲れてしまう。このあたりは信じられないほど水が汚くて、旅仲間が食事をとっている横で私は腹をすかせていた。大地に夜のとばりが降り、空に星々がきらめくころ、奴隷は船頭をあざけり、船頭は奴隷をからかう。いまいましい蚊と、湿地のカエルの鳴き声で眠れたものではなかった。おまけに、ある船頭と旅客がそろって安酒を痛飲したあげく、ここにはいない恋人に交代で歌を捧げていたのだからなおさらだ。

　　　　　　　　　　　　　　——ホラティウス『風刺詩』5

> ☞ 道を意味する語

---
actus（アクトゥス）——枝道、牛馬が使うことが多い
clivus（クリウス）——坂道
pervium（ペルウィウム）——大通り
semita（セミタ）——小道
angiportus（アンギポルトゥス）——狭い通り、路地
via ——街道（町と町をつなぐ道）
vicus（ウィクス）——街路（街なかの道）

　ホラティウスの触れている湿地とは、追いはぎで有名な湿地帯、ポンプティヌス・アゲル（またはポンプティナエ・パルデス）の一部である。しかし、このあたりから先は大きな屋敷が増えるし、その屋敷の装飾も立派になっていく。道路際には、農場というより市場向けの菜園が並ぶようになり、人や車も増えてにぎやかになってくる。あと数リーグでローマだ！

第2章
ローマ周辺

邸宅(ウィラ)、水道橋、霊廟、市 境(ポメリウム)、
城壁と門

　ローマの50万ものかまど、鍛冶屋、パン屋から立ちのぼる煙が、地平線に小さくしみのように見えてくる——そのころには、のどかな田園風景に早くも世界最大の都の影が落ちはじめる。丘腹の壮麗な邸宅(ウィラ)、何マイルも延々と続く市場向けの菜園、野や山を越えてのびる巨大な石造りの水道橋などなど、周辺の田園地帯は、この大都会に否応なく奉仕させられているのだ。このあたりから、街道の両側の私有地に霊廟が見えるようになり、それがローマの近さをいっそう強く感じさせる。城壁を越え、*pomerium*（ポメリウム）と呼ばれる神聖な境界線を越えてローマ市内に入るまで、霊廟はずっと建ち並んでいる。

ウィラ（田舎の邸宅）

ローマに近づくにつれ、建物はどんどん垢抜けてくる。アッピア街道から分かれてのびる道の先に、しだいに豪勢な門が現われるようになったかと思うと、その門の向こうに建つのは堂々たるウィラで、街道近くの斜面や丘腹という最高に眺めのよい場所を確保している。これまではたいてい、街道沿いのウィラは実用的な農家の住宅 (*villa rustica* ウィラ・ルスティカ、「田舎のウィラ」の意) だったが、このあたりから先にあるのは、より豪華な建物 (*pars urbana* パルス・ウルバナ、「都市の部分」の意) を備えた郊外のウィラであり、市内からやって来る金持ちの住まいだ。こういうウィラの役目は農業生産ではない。暑くて騒々しくて落ち着かない都会生活から逃げてくる上流人士に、避難所を提供することなのである。

農場から郊外のウィラにとつぜん変化するわけではないが、ローマに近づくにつれて後者がどんどん目立ってくる。それにどんなに瀟洒な別荘でも、たいてい多少は農園が付属している——自分で食べる果物や野菜を作るだけの農園もあるが。条件が適当であれば、ブドウ作りに手を出す地主も少なくない。質のよいワインができれば大いに自慢できるし、質が悪くても酢や殺菌剤に使える。同様に、みごとに整備された庭園の池は、食用の魚を供給するという実利を兼ねていることも多い。そういうウィラの池で、ウェディウス・ポッリオはヤツメウナギを飼っていた。

水晶の杯を割ったという理由で、ウェディウスは奴隷を養魚池に放り込めと命じた。その池では巨大なヤツメウナギが飼われていたのである。……奴隷の少年はつかまえようとする手から逃れて、客としてその場にいた皇帝［アウグストゥス］の足もとに身を投げ出し、せめてべつの死にかたをさせてくださいと頼んだ——ヤツメウナギに食われて死にたくなかったのだ。皇帝はこのあっと驚く残酷さに怖気をふるい、奴隷を解放するよう命じた。また水晶の杯をすべて自分の目の前で割らせ、養魚池を埋め立てさせた。
　　　　　　　　　　　——セネカ『怒りについて』3・40

　ポッリオのように無慈悲な主人ばかりだったわけではない。たとえばローマの元老院議員だった小プリニウスが友人に書き送った手紙には、ひとりになれる部屋を特別にウィラに作ったと書かれている。「奴隷たちがくつろいでいるときに邪魔せずにすむように、また私が仕事をしているときに邪魔されないように」と。プリニウスが喜々として書くところによると、その別荘はローマから27キロほどの海のそばにあった。Ｄ字形の広い芝地があり、それを囲むプラタナスの幹はツタに覆われている。外周沿いに並ぶイトスギが濃い影を落とすいっぽうで、芝地寄りの散歩道は高く盛りあげてあって陽がよく当たったという。
　小プリニウスは、そのウィラがどんなに優雅で洗練されているかくわしく描写している。それもそのはず、所有者が優雅で洗練されていることを示すのも、郊外のウィラの重要な役目なのだ。ローマに向かう途上で見かけるウィラ

は、その多くが掛け値なしで宝の山だ。広大なローマ帝国のすみずみから輸入（または強奪）された美術品がうなっているのである。

　それなりの財力があれば、まず例外なくウィラにはペリステュリウムが造られる。つまり、建物の内部に列柱に囲まれた空所を設けるのである。ローマの個人住宅はたいていそうだが、ウィラは内向きの建物だ。建物に囲まれて中央に中庭があり、草木が植えられ、その庭の中央にはよく池が造られる。多くのウィラは、実用的な農場の建物という機能も果たしていたから、中庭がもうひとつあることも多い（これを *pars rustica*、パルス・ルスティカという。文字どおり訳せば「田舎の部分」）。こちらは家畜の世話をするための場所で、農具を保管する部屋もついている。そういうウィラの主人は、洗練された部分とひなびた部分の両方を鼻高々で客に披露するものだ。ローマ人は、先祖から受け継いだ農耕民としての伝統を重んじているからである。

　　なんたる喜び、祝宴のさなかに羊や牛を見られるとは。
　　牧草をたらふく食んで、羊はいそいそと小屋に戻り
　　疲れた雄牛は這うように、
　　裏返した犂を引きずり引きずり、ゆっくりご帰還だ。
　　　　　　　　　　　　——ホラティウス『エポディ』2

　ティブル（のちにはティヴォリと呼ばれる）の町を通ってローマに向かうなら、頼み込むなり金をつかませるなり取引するなりして、ぜひともハドリアヌス帝のウィラに入れ

てもらい、あっと驚く庭園や彫像を拝んでこよう。広大な敷地は、それだけで小さな町ほどの面積がある。湖や泉があり、図書館や浴場や神殿や劇場がある。カノプスの池などのように、エジプトふうに造られた部分もある。ハドリアヌス帝が亡き恋人——ナイル川で溺れ死んだアンティノウスという青年——をしのんで造った悲しい記念というわけだ。

　北からローマに向かうなら、プリマ・ポルタのウィラが通り道だ。こちらはアウグストゥス帝の妻リウィアのもので、みごとなアウグストゥスの像が見られる。鎧をまとい、*paldamentum*（パルダメントゥム）という将軍のマントを腰に巻いた有名なあれだ。

水　道

　ローマ市の壮大さを実感したければ、水道橋を見るのが一番だ。市から60キロ以上離れたところからでも、延々どこまでものびる水道橋が地平線に見てとれる。水道橋は巨大に見えるが、じつはローマ市の水道網のごく一部にすぎない。水道網の全長は400キロを超えているのだ。

　いちばん奥には白大理石の半円形のベンチがあり、それに影を落とすのはぶどう棚で、これはカリュストゥス産大理石の小柱4本で支えられています。その下の石造りの池に……水が流れ込むようになっています。ここで食事をするときは、前菜の盆や大皿は池のまわりに並べますが、小皿料理は船や水鳥をかたどった小さな器に盛って、池の水に浮かべるのです。
　　　　　　　　　　　　——プリニウス『書簡集』52

山を貫き川をまたぎ、ひじょうに頑丈に建設されているから、1800年使われたあともなお一部は役に立っている。こんな公共設備はおそらく世界で唯一だろう。

水道はどれも、貯水池に始まり貯水池に終わる。起点の貯水池は水道への水の流入を調節するもので、流れ込んだ異物を沈殿させて流出を防ぐために深く静かな池になっている。水道の底はコンクリートで防水加工されており、水の流れる向きは大きな青銅製のカリクス（弁のようなもの）で調節する。そしてついに目的地に到着して貯水池に溜まった水は、導水管に放出されてローマのほとんどすべての四つ角に送られるのだ。

ローマの水道はすべて均質だったわけではない。おそらく質が最もよいのはマルキア水道の水だろう。ローマからはるかに遠い山中に湧く泉から水を引いているからだ。澄

これほど多種多様な構造によって、ひじょうに多くの場所から水が運ばれている。無意味なピラミッドや、役にも立たない（装飾にはなるが）ギリシャの建物と比較してみるとよい。……水道監督官たちは、公共の噴泉に流れ込む水が途絶えないように多大な努力を傾け、人々が昼も夜も水にこと欠かないようにしている。

——フロンティヌス『水道論』16および103

公共の建物、浴場や庭園に流れ込む……この大量の水は……それほど遠くから送られてくる。山にはトンネルを掘り、深い谷には高い橋をかけて。世界じゅうどこを探しても、これほどの偉業はほかにあるまい。

——プリニウス『博物誌』36・121〜2

☞ ローマの主要な水道

Aqua Alsietina(アルシエティナ水道)
アウグストゥスが建設。全水道のうち最も高度が低い。給水量は少ない。当然ながら、主要な給水先はトランスティベリム〔第3章「泊まる」参照〕だった。

Aqua Appia(アッピア水道)
最古の水道。前312年、アッピウス・クラウディウス・盲目(カエクス)が建設。

Aqua Claudia(クラウディア水道)
カリグラ帝が後38年に建設に着手し、クラウディウス帝が完成させた。マルキア水道と水源はほぼ同じ。

Aqua Iulia(ユリア水道)
前33年にアグリッパが建設。水量豊富な水道で、1日に5万立方メートルを超す水を供給。

Aqua Marcia(マルキア水道)
前144年にクィントゥス・マルキウス・レクスが建設。カピトリヌス丘とクィリナリス丘に同時に水を供給していた。

Aquq Tepula(テプラ水道)
前125年建設。全長のかなりの部分が地下を通っている。マルキア水道の場合もそうだが、この水道が取水する水源地は、2000年後にもローマに水の多くを供給している。

Aqua Traiana(トラヤナ水道)
トラヤヌス帝が建設。水源は近くの湖、Lacus Sabatinus(サバティヌス湖、21世紀にはブラッチャーノ湖と呼ばれる)。

Aqua Virgo(ウィルゴ水道)
アッピアおよびアルシエティナに次いで、高度は3番めに低い。しかし、ローマ市に供給する水量は多いほうで、1日に10万立方メートルを超えていた。

田園地帯を突っ切ってローマへ向かうクラウディア水道橋と、より古いマルキア水道橋。マルキア水道だけで、建設費は1億8000万セステルティウスかかっている。まさに気が遠くなりそうな額だ。

んだ新鮮な水の供給源としては、その名もふさわしい乙女の水道（ウィルゴ水道）もある。新たな水源を探していた兵士たちに、泉の場所を指し示した若い娘にちなんでそう命名されたという。

　水道システムには数々の冗長性が組み込んであり、水を必要とする区域に別々の水道から水を供給できるようになっているが、古い水道のなかには、出発点の位置が低すぎて、標高の高い区域に水を運べないものもある。ローマ市を訪れるなら、自分の滞在する地域に水を供給するのがどの水道か確認しておこう。供給が途絶えたときはもちろん、雨のとくべつ少ない夏などでも、水質の劣悪なアルシエテ

ィナ水道の水に頼る破目になりかねないからだ。この水道の水は通常、工業（縮絨業（しゅくじゅう）など）や庭園への散水に使われているのだ。また、アニオ水道から水をとっている地域もできれば避けたい。もっとも近年改良されて、以前よりは飲料に適した水になってはいる。また、導水管のほとんどが鉛製なので、ローマに長期滞在するときにはある程度の鉛中毒は覚悟しなくてはならない。このことはローマ人も知っているが、新鮮な水がつねに供給されることのほうが公衆衛生上重要だと考えているのだ。

　庭園への散水は、ローマの上流階級と当局とのあいだで

ローマ豆知識

†水道橋の石造りのアーチは、それぞれ幅が約5.5メートルで、高さは30メートルを超えるものもある。

†ローマの水道は、1日になんと9億リットルもの水をローマ市に供給している。

†水道から水を盗んで自分の土地に散水していると、見つかったときはその土地を没収される。

つねに摩擦のもとになっている。公共の水道水は無料だが、特別な税金を納めればあまった水をまわしてもらうことができる。しかし、創意工夫に富む者のなかには、ローマに向かう途中の水道から水を失敬したり、市内の導水管からこっそり抜いたりする者もいる。市の水道監督官の多くは、まずこれ見よがしに違法な導水管を破壊してから、その管がまた付け替えられるときは見ないふりをして賄賂を受け取り、引退後に備えて蓄財に励むのである。

霊　廟

ローマ市内は神聖な場所なので、遺体を埋葬するのは法で禁じられている。もっとも、とくべつに傑出した者には例外が認められることもある。それをもともとの権利として認められているのは、名門貴族のウァレリウス氏族、ウェスタの巫女、そして皇帝そのひとのみだが、ウァレリウス氏族はその特権を行使しない道を選んでいる。子供の死亡率がきわめて高いことからローマ人は子供の死に無頓着で、幼児の場合は死んだペットを埋めるように庭に埋めることもある。それ以外の死者は市の外に埋葬されるので、ローマに向かう道の両側にはどんどん墓が増えていき、ごく質素なものから記念碑のように巨大なものまで建ち並ぶことになる。墓はかくあるべきという決まった型はなく、装飾も形状も千差万別だ。昔のローマ人は土葬していたが、数世紀前から火葬が当たり前になってきた。もっともかならずというわけではないし、最近ではまた土葬が流行している。墓所や霊廟、墓石の並ぶなかにあって、

遺骨や遺灰を納めているのが *columbarium*（コルンバリウム）である。建物としてはいろいろあるが、小さな鳩小屋のようになっていて、火葬された遺灰の壺が納められている。

　死者にまじって、ときおり家族づれがピクニックに来て座っていることがある。ローマ人は、故人のそばで食事をするのがことのほか好きなのだ。埋葬のさいには葬送の食事をとるし、埋葬から9日めには墓所で2度めの食事、すなわち *cena novendialis*（ケナ・ノウェンディアリス、「9日めの正餐」の意）をとる。これは少なくとも年に1度、パレンタリア祭〔2月13〜22日、祖先を敬う祭〕などの祝祭期間中にもくりかえされる。なにしろ死者を埋葬地に運ぶときには、41ページの浮き彫りに見るように、枕のうえでひじをつかせて、これから食事を楽しむような体勢をとらせるほどなのだ。墓地ごとに火葬をおこなう一角が決まっていて、そこに *rogus*（ログス）すなわち火葬の薪を積んで遺体を焼く。葬送の食事をしているほうへ風が吹いていると、そのせいでもめごとが起きたりする。

　ローマ人はたいてい葬祭互助会に所属している。毎月少しずつお金を払って、会員の葬儀費用をまかなうのだ。死者には硬貨がひとつ戻ってきて、口のなかに入れられる。これは冥府の渡し守カロンに払う渡し賃だ。カロンは死者

　土くれよ、この子を軽く覆っておくれ
　この子はおまえに重かったことはないのだから
　　　　　　——マルティアリス『幼い奴隷への墓碑銘』

の魂を船に乗せ、ステュクス河を渡って冥府に送り届けるとされている。あの世への旅のために長靴を履かせたり、地下の旅で行く手を照らすランプを持たせたりして埋葬することもある。

　ローマ人はまじめに記録を残して、未来の人口統計学研究を助けている。墓石には、たいてい DM ——*Dis Manibus*（ディス・マニブス）、「黄泉の霊魂のために」の意、RIP（Rest In Peace、安らかに眠れ）とおおよそ同じ意味——とともに、故人の年齢がきちんと記録してあるのだ。また墓碑銘には、この墓碑を建てた悲しむ父母や配偶者の詳

ローマ豆知識

† 「sarcophagus（石棺）」の語は、棺の材料に使われた石灰石に由来する。この石の成分のおかげで、遺体が数週間で分解されるからである（sarco は「肉」、phagus は「食う者」の意）。

ローマの葬列。遺体はいちばん上等のトガをまとい、食事の席に着くかのように寝椅子に横になって火葬場へ運ばれる——ローマ市がいかに立派な息子を喪ったか、広く知らしめようというわけだ。

細が記されることもある(ときには、奴隷が亡き主人のために碑を建てることもある。それが、遺言によって奴隷を解放する条件になっているわけだ)。ときには意外にも感動的な哀歌が刻まれていることがある。以下はそんな一例だ。

　行きずりの人よ、しばし足を止め、この短い言葉を読んでいきなさい。この醜い墓には、両親にクラウディアと呼ばれた美しい女が眠っている。彼女は夫を心から愛し、ふたりの息子を授けた。ひとりはまだ地上にあり、ひとりは地下に去った。陽気な連れあいだったが、慎み深い女でもあった。家を守り、羊毛を紡いだ。それだけだ。さあ、お行きなさい。

このような墓碑銘は、サルコパグスと呼ばれる大きな石棺に刻むのがふつうである。家族の墓所、たとえばスキピ

オ家の墓所（アッピア街道から分かれる細い脇道にある）などには、そういう石棺が数多く納められていたりする。

ローマへの途上にある墓のなかに、高さ11メートルにそびえる霊廟がある。これはカエキリア・メテッラ、大富豪で有名なリキニウス・クラッスス――反乱の剣闘士スパルタクスを倒したことでも知られる――の義理の娘〔長男の妻〕の墓だ。特徴的な雄牛の頭蓋骨を浮き彫りにした装飾帯（フリーズ）に飾られ、一辺が30メートルもある正方形の基壇にのっているが、霊廟そのものはアウグストゥスやハドリアヌスの（ローマ市内にある）墓と同じく円柱形である。アッピア街道を行くときには、皇帝の料理人のコルンバリウムや、コロッセウムの闘技場に巨大な日除けを張ったミセヌム（ハレナ）の艦隊の水兵たち〔コロッセウムの日除けは特別あつらえの帆布で作られていたため、帆や索具の扱いに慣れた水兵が使われたとされる。ミセヌムはイタリア南西部の岬で、ローマ海軍の基地があった〕のコルンバリウムも探そう。9番めの里程標の地点で、墓にまじって最後の *mutatio*（ムタティオ）が現われる。帝国の使者が馬を交換する小さな厩舎である。ここまで来たら、あとはローマ市内へ一直線だ。

ポメリウム

ローマ軍の将軍や属州総督の場合、ローマ市への旅はこの *pomerium*（ポメリウム）――ローマの市境――までで終わる。これらの官職についている者は、ローマ市内への立ち入りが禁じられているからだ。この古くからの禁制は王族にも適用されるため、あの有名なクレオパト

ラですら、愛人ユリウス・カエサルを訪ねてきたとき、ローマの中心部には入れなかった。

　ポメリウムには、目印として *cippus*（キップス）と呼ばれる白い石が、きちんと等間隔に並べられている。この線の外側1000マイル以上にわたって、そこはすべてローマに属する。つまりその外側の土地はすべて、線の内側であるローマ市に属するのだ。キップスが並んでいる線は、もともとロムルスが牛に犂を引かせて市の境界を区切った線である。古いエトルリアの儀式に従い、市の門となる場所ではわざわざ犂をあげて歩いたという。ポメリウムはその後拡大されたが、市の一部の区域はつねにその外側になるように配慮されている。元老院の会議ですら、市内に立ち入れない官職の議員が出席できるように、ときにはポメリウムの外で開かれる。同様に、ローマの戦争の女神ベッロナの神殿はポメリウムの外に建っている。そうでないと、軍務中の将軍たちが、必要なときにすぐに女神にお伺いを立てられないからだ。また、ローマの正式な神と認められていない多くの神々も、市の公的な境界の外側、立入自由の場所に神殿を置いている。

　ポメリウムを横切る前からすでに、ローマの社会がどんなに異質か——つまり、いかに平然と残酷なことがなされているかを痛感する機会があるかもしれない。飢えや渇きで泣き叫ぶ赤ん坊の声が聞こえてくるのだ。もううずかる元気もなくて、ただじっと横たわっている赤ん坊もいる。こういう新生児たちは、*res vacantes*（レス・ウァカンテス、所有者が手放したものの意）として親に棄てられたのである。

そのまま死ぬか、欲しいと思う人がいれば拾われるかだ。形成異常で棄てられる子もいれば、これ以上娘は養えないと棄てられる女の子もいる。かくべつ運がよければ、家族の一員として引き取られることもある（ローマの物語にはよく出てくるテーマだ）。また、家中の奴隷やペット（*delicia*、デリキア）として拾われる子もいる。女の子なら売春宿に引き取られたりもする。無頓着なローマ人でも、さすがにこの習慣は恥ずかしく嘆かわしいと思っていて、のちの皇帝たちは基金を設立し、子供が放置されるのを防ぐために補助金を出すようになった。棄て子はローマのどこでも見られるが、とくに多いのは青物市場（フォルム・ホリトリウム）に建つコルムナ・ラクタリア〔授乳の柱の意〕のそばである。

城壁と門

国境はローマ市からはるか遠くにあるのだから、この都に城壁は必要なさそうに思える。しかし、市への出入りを制限するために門は維持する価値がある。また軍の反乱を考えると、皇帝たちとしては古い防壁を手入れせずにはいられないし、ときには拡張したりすることもあった。ローマのもともとの城壁は、空気に触れると岩のように固くなるトゥファという粘土でできている。ひじょうに頑丈なため、一部は皇帝たちや中世の教皇たちより長生きして、のちのローマ市にできる鉄道駅〔ローマ・テルミニ駅〕の外にまだ残っているほどだ。

市はどんどん拡大しているので、かなりの部分が城壁の

外にはみ出している。壁そのものはティベリス河から始まり、低地を通ってカピトリヌス丘の南西に達し、そこから北東にのびる。このあたりは岩がちの地形なので天然の要害に補強されている。壁はクィリナリス丘に沿って走り（第3章の「7つの丘」参照）、やがてクィリナリス丘とピンキウス丘のあいだの谷にくだる。そこから南へ向かい、エスクィリヌス丘の比較的平らな部分を越えてまた下り、エスクィリヌス丘とカエリウス丘のあいだの谷を守る。そこからアウェンティヌス丘の南西斜面を囲み、古い牛市場の南に向かい、ティベリス河に達して、11キロの周回を終えるのである。

　アッピア街道からローマに近づき、カエリウス丘がいよいよ高く見えてくるころには、カメナエすなわち学問・芸術の女神たちに捧げられた聖林が道に影を落とす。この林は、城壁に開く15の主要な門のひとつ、カペナ門まで続いている。ローマを帝国にした軍団(レギオン)はこの門を通って帰国し、この門から市内へ入ることによって、多くの将軍が指揮権を返上した。それは、ローマ市内での凱旋式で勝利を祝うときでも変わらなかった。門の大きさをよく見ておこう。というのも、ポンペイウス——すぐれた将軍で、ユリウス・カエサルのライバルだった——が大いにばつの悪い思いをしたのはおそらくここだったからだ。

　　彼［ポンペイウス］は……凱旋式で乗る戦車を4頭の象（アフリカの王たちの象を何頭か連れてきていたのだ）に牽かせるつもりだったが、市の門に近づいてから狭すぎて通れ

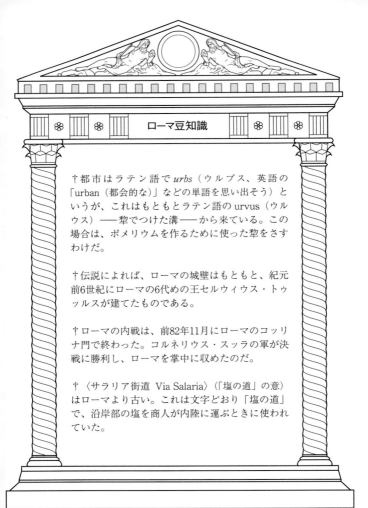

ローマ豆知識

† 都市はラテン語で *urbs*（ウルプス、英語の「urban（都会的な）」などの単語を思い出そう）というが、これはもともとラテン語の *urvus*（ウルウス）——犂でつけた溝——から来ている。この場合は、ポメリウムを作るために使った犂をさすわけだ。

† 伝説によれば、ローマの城壁はもともと、紀元前6世紀にローマの6代めの王セルウィウス・トゥッルスが建てたものである。

† ローマの内戦は、前82年11月にローマのコッリナ門で終わった。コルネリウス・スッラの軍が決戦に勝利し、ローマを掌中に収めたのだ。

† 〈サラリア街道 Via Salaria〉（「塩の道」の意）はローマより古い。これは文字どおり「塩の道」で、沿岸部の塩を商人が内陸に運ぶときに使われていた。

ないことに気づき、やむなくあきらめた。
——プルタルコス『ポンペイウス伝』第14章

　カペナ門のそばには、マルキア水道の巨大なアーチが並んでいる。同じところから市に入っているのだ。東からローマに入るときには、サラリア街道を通って、〈コッリナ門 Porta Collina〉（丘の門）から市に入る。
　マルスの野とカピトリヌス丘にはさまれた、市外ながら繁華な地区に向かうなら、壁をまわって〈フルメンタナ門 Porta Flumentana〉（川の門）から入る手もある。
　どの門もローマの伝説と深く結びついている。カピトリヌス丘の南西にある〈カルメンタリス門 Porta Carmentalis〉は、ローマの名門ファビウス氏族306人がここから出征し、エトルリア軍と戦って壊滅的な大敗を喫したことで知られる〔前477年ごろ〕。いっぽう〈ラウドゥスクラナ門 Porta Rauduculana〉は、ゲヌキウス・キプスを記念する一対の青銅の角で飾られている。キプスの率いる軍がこの門から出征するさい、戻ったとき彼はローマの王となり、共和政は終わるだろうと予言があった。この予言が成就しないように、彼は流浪の地で生涯を閉じたと言われている。

　　[前211年] ハンニバルは2000の騎兵を率いてコッリナ門を目
　　指したが、ヘラクレス神殿まで来たところで、できるだけ見
　　晴らしのよい場所を見つけて、そこから城壁と市の配置を研
　　究した。　　——リウィウス『ローマの歴史』26・10・3

第2章　ローマ周辺　　47

第3章
泊まる

どこに泊まるか——7つの丘、
宿の種類、衛生設備、
急病になったら、服装、食事

どこに泊まるか——7つの丘

ローマに着いたら、まずはよく考えよう。たんに宿の値段だけでどこに泊まるかを決めてはいけない。宿の種類、そこの土地柄、衛生施設までの距離、名所や重要な場所へ行くのにどれぐらい歩く覚悟があるか、しっかり考えなくてはいけない。ローマ人に会うときは、なにを着てなにを食べるか、基礎的な知識があればかかなくていい恥をかかずにすむ。変な格好の客に来られては、せっかくの晩餐会も台無しだ。そのうえ、出された料理（雌豚の乳房に大きなアフリカ産カタツムリを詰めたものとか）を見て青くなられたりしたらたまったものではない。またローマには道路標識などない——ここがどこかわからないのはそこの人間ではないし、またそこにいるべきでもないという、

訪問者にやさしい原則に基づいて——ので、だいたいの地理はぜひ頭に入れておこう。

　ローマでは、どこへ行くにも丘が目印だ。「アウルスはカエリウスに住んでいる」とか「クィリナリスとウィミナリスの間の谷にある店で買った」とか、ローマ人が言うのを耳にするだろう。だから、どの丘がどこにあるか知っていることが大切だ。ローマに7つの丘があるのはだれでも知っているが、実際には話はもっと複雑だ。まずは北から始めて、時計回りに丘をひとつずつ見ていこう。

クィリナリス丘 ——ローマの上〜中流階級の住む地域

　いちばん北、つまり時計で言えば12時の方向にあるのがこのクィリナリス丘だ。南はローマ広場(フォルム・ロマヌム)に面し、西はマルスの野(カンプス・マルティウス)という古い練兵場に面する。また北側には、美しく整えられたサッルスティウスの庭園がある。クィリナリス丘は、実際には独立した丘ではない。ローマ市のわきには古い火山の尾根が北から東に走っているが、その尾根から枝分かれした突出部のひとつなのだ。その他の突出部についてもあとで順に見ていこう。クィリナリス丘にはもともとサビニ人の集落があり、ローマ人の集落は近くのパラティヌス丘にあった。ローマ広場は最初は、そのサビニ人とローマ人が話し合いをする場所だったのだ。そうは

7つの頭とは、この女が座っている7つの丘のことである。……そしてこの女とは、地上の王たちを支配しているあの大きな都のことである。　　　　　——『ヨハネの黙示録』17

第3章　泊まる　　49

言っても、先に来たのはサビニ人のほうだ。考古学的証拠によれば、クィリナリス丘の集落跡のほうが、ロムルスが都を建設した時代より少なくとも2世紀は古い。

　観光客はたいてい、クィリナリス丘でしばらく時間を過ごすことになる。ここにはローマ一のショッピングセンターがあるからだ。また、皇帝になる前の将軍時代、ウェスパシアヌス〔在位69〜79〕が家族とともに住んでいたので、いまでも *templum gentis Flaviae*（テンプルム・ゲンティス・フラウィアエ、フラウィウス氏族の神殿）はここにある。これは、ウェスパシアヌス帝の子ドミティアヌス〔在位81〜96〕が父祖の家の跡に建てた神殿だ。

ウィミナリス丘——ローマの7丘の日陰者

　クィリナリス丘のすぐ隣にあるのがこのウィミナリス丘である。同じく火山の尾根の突出部だが、クィリナリス丘よりやや小さい（そして地味）。ウィミナリスの名は、ここに生えていたヤナギ（ラテン語で *vimina*、ウィミナ）にちなむ。この丘には、歴史的な名所も壮麗な館もない。クィリナリス丘より住宅価格は一般に安い。もっとも、丘のあちこちに貴族が立派な屋敷を構えてはいる（とはいえ、これはローマじゅうどこでも同じだ）。人や車はほとんどこの丘をよけて両側を通っていくほどだが、ウィミナリス門はローマの精鋭である近衛軍の兵舎に通じている。

エスクィリヌス丘——上には王侯貴族、下には貧民

　時計で言えば3時の方向にあるのが、尾根の突出部のう

ち最大のエスクィリヌス丘だ。実際この丘はとても大きく、さらにいくつかに枝分かれしている。北東の斜面から突き出す小さな尾根はキスピウス丘と言い、西側はファグタリス丘、南側をオッピウス丘と言う。またウェリアと呼ばれる長い尾根もあり、この尾根でエスクィリヌス丘はパラティヌス丘につながっている。エスクィリヌス丘に滞在するなら、どこに泊まるかよく考えよう。最高級の宿は頂上近くにあって、そこからは比喩的にも文字どおりにも下り坂である。ふもとのほうは、荒っぽいことで有名なスラム街に似たスブラ地区であり、たとえ住民に殺されずにすんでも、おんぼろ宿のせいで生命を落としかねない。夏には火事が起こりやすいし、冬にはしょっちゅう勝手につぶれてしまうからだ。

　この丘には、歴史に名を残した住民が何人かいる。ローマがまだ王に支配されていたころ、トゥッルス・ホスティリウス王がここに住んでいたし、反乱に加わって王政打倒を助けた共和主義者、ウァレリウス・ポプリコラもここの住民だった。ネロ帝は、きらびやかな（短命だったが）宮殿の入口の間をエスクィリヌス丘のふもと、ウェリアのうえに造っている。いまではそのそばに、ハドリアヌス帝の建てた〈ウェヌスとローマ神殿〉がある。

カエリウス丘 —— 大富豪さま歓迎

　尾根の最も南の突出部がカエリウス丘だ。ここに住みついたエトルリア人の冒険者、カエリウス・ウィベンナにちなんで、こう名づけられたと言われている。頂点がふたつ

あり、西側を大カエリウス丘、北側を小カエリウス丘と呼ぶ。ローマの丘の例にもれず、低地の喧騒や煙や埃を嫌って、富裕層は斜面の高いほうに好んで住む。しかし、そんな富裕層のなかでも、最も裕福なのがこのカエリウス丘の住民だ。クラウディウス帝〔在位41～54〕をしのぶ神殿がこの丘に箔をつけているが、これを建てたのは帝の最後の妻（にしておそらく殺害犯）アグリッピナである。また軍用施設もある。*equites singulares*（エクィテス・シングラレス）、皇帝の騎馬近衛隊がここに駐屯しているのだ。

アウェンティヌス丘──一般民衆の丘

　時計で言えば7時の方向にあるのがアウェンティヌス丘で、7つの丘のうち最も南にある。西側にはティベリス河が流れ、北には古い牛市場があり、そのすぐ東にはパラティヌス丘がある。アウェンティヌス丘はとくにローマの平民階級に好まれる丘だ。過去に二度、統治者のやりかたが腹に据えかねるという理由で、正式に他地域から立ち退いてここの丘腹にこぞって移住したことがある。アウェンティヌス丘は、後49年まで市境(ポメリウム)の外にあったのだ。そんなわけで、この丘の南斜面のふもとを永眠の地に選んだローマ人がいる。それが変人で、輝く白大理石のピラミッドを墓石代わりに建てたのだが、どう見てもエジプトの先輩と同じぐらい永く残りそうだ。また、ポメリウムの外にあったため、アウェンティヌス丘には「外国の」神々を祀る神殿が数多くある。しかし、ローマ本来の神々の神殿もあって、ひじょうに古いのが地母神ケレスの神殿だ。長年、ア

ウェンティヌス丘はローマで最も国際色豊かな地域のひとつだった。丘のかなりの部分が公有地（*ager publicus*、アゲル・プブリクス）だったため、多くのよそ者がこの丘に集まってきたからだ。最近では裕福な商人階級が越してきているが、これは眺めのよさと港の近さが魅力だからである。なにしろ、商船から無数の *amphora*（アンポラ、焼物の樽）が陸揚げされるため、その破片が積み重なって河岸にひとつの山——陶片の山（モンス・テスタケウス）（テスタッチョ山）——ができるほどなのだ。

パラティヌス丘——歴代皇帝が「わが家」と呼ぶ丘

ローマが共和国だったころにも、真に重要な場所はこの「時計」の中心——ローマで最も古い丘、パラティヌス丘のうえにあった。ローマの名所のひとつ、「ロムルスの藁葺き小屋」はパラティヌスの南西隅にある。ロムルスの小屋はカピトリヌス丘にあったという説もあるが、現物が見られるという点でパラティヌス説のほうが有利だ。たしかに葺き藁は1度か2度交換されているし、何度か火事で壁が崩れたり、屋根の梁が腐って取り替えられたりしているが、これはまちがいなく、正真正銘ロムルスが住んでいた家なのだ。パラティヌス丘には、面積25エーカー〔約3万坪〕

こいつらは……スモモやイチジクなんぞといっしょに、あとからローマにやって来た連中ではないか。そんなやつらが、晩餐会でわれわれより上座に着いてよいものか。われわれは、このアウェンティヌス丘で産声をあげたんだぞ。
——ユウェナリス（外国嫌いの気分で）、『風刺詩』3・80

第3章　泊まる

☞行政区──ローマの郵便番号

アウグストゥス〔在位前27～後14〕のころから、ローマは14の行政区（*regio*、レギオ）に分かれていた。ローマ人はたいてい、場所の話をするときはまず丘や谷の名を言い、次に通り（*vicus*、ウィクス）の名をあげる。とはいえ、行政区の位置関係を知っていれば「お役所」を相手にするときは役に立つ。

第Ⅰ区──カペナ門（アッピア街道に通じる門）とカエリウス丘にはさまれた地域
第Ⅱ区──だいたいカエリウス丘に一致
第Ⅲ区──エスクィリヌス丘のふもと。ネロの建てた黄金宮（ドムス・アウレア）の一部とコロッセウムはここにある
第Ⅳ区──スブラ（エスクィリヌス丘とウィミナリス丘にはさまれた谷）と、ウェリアの一部（ウェスパシアヌス神殿とフォルムのある部分）
第Ⅴ区──エスクィリヌス丘の斜面上方。市中心部から見ると第Ⅲ区の奥にある
第Ⅵ区──クィリナリス丘の大部分と、ウィミナリス丘のうち第Ⅳ区に含まれない部分
第Ⅶ区──カンプス・マルティウスの東部分とピンキウス丘
第Ⅷ区──ローマの中心部。カピトリヌス丘とフォルム・ロマヌム
第Ⅸ区──カンプス・マルティウスの南西部分。南はティベリス島まで。
第Ⅹ区──帝国の中枢部、パラティヌス丘
第ⅩⅠ区──牛市場、大競技場（キルクス・マクシムス）を含む、パラティヌス丘とアウェンティヌス丘にはさまれた谷の部分

第 XII 区——第 XI 区の南、主として住宅地
第 XIII 区——アウェンティヌス丘と河岸地区、牛市場に隣接するエンポリウムを含む
第 XIV 区——最大の区。またティベリス河対岸(トランスティベリム)とも呼ぶ。ティベリス島を含むが、主として河の西岸地域で、移民の多くが住む

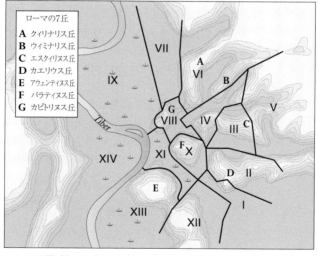

ローマの区(Ⅰ～ⅩⅣ)と丘(A～G)。住所に箔をつけたいなら、いちばんよいのはⅡ区かⅥ区だ。Ⅳ区のスブラ地区はあまり健康によくないし、それはⅩⅣ区(トランスティベリム)も同様である。中庸がいちばんと思う人はⅫ区かⅩⅢ区を選ぼう。Ⅷ区とⅩ区は神々と皇帝専用だ。

第3章 泊まる

の土地に、金で買える最も豪華な建物がずらりと並んでいる。丘のてっぺんは平らだが、頂きはふたつ——パラティウムとケラムルス——ある。この丘には、ホルテンシウスという雄弁家がその北西側に屋敷を持っていたが、それがのちの皇帝アウグストゥスの住まいになった。アウグストゥスは後代の人々にもあつく尊崇されているので、ロムルスの家と同じく、この家も偉大な住人が去ったときのまま保存されている。だが時代は変わり、あんな粗末な家、いまの時代にはただでも欲しがる者はいないだろうと後代の著述家にはけなされている。

アウグストゥスは、このパラティヌス丘をローマ政府の座に生まれ変わらせ、のちの世代に「宮殿(パラス)」の語を残すことになった。皇帝一家とその召使や護衛隊が暮らす建物をべつにすれば、この丘のほとんどは行政府の建物で占領されている。また頂きにはアポッロ神殿もあり（アウグストゥスが創建）、ふもとにはユピテル・スタトル（護持者ユピテル）の神殿がある（ロムルスが建てたと伝えられる）。今日、この丘に建つ建築物の多くは、てっぺんの壮麗な競技場も含めて、ドミティアヌス帝と建築家ラビリウスの作品だ。

カピトリヌス丘——ローマの神殿と砦

パラティヌス丘から11時の方向、ティベリス河が南に屈曲するあたりに、頂きのふたつあるローマ最古の砦の丘——カピトリヌス丘がある。ローマ人はふつう、この丘全体をさしてカピトリヌスと呼ぶが、本来これは南側の頂きだけを指す名称だ。もうひとつの頂きはアルクス〔要塞の

意〕と言う。このふたつの頂きのあいだの鞍部に、アシュラエウス神を祀る古い神殿がある。ここはもともと、逃げ込めばだれでも庇護してもらえる避難所だった。宮殿(パラティヌス丘)や首都(カピトリヌス丘)と同じく、この神殿の名——*asylum*、アシュルム——も、今日一般的に使われる言葉〔asylum は英語で「避難所、聖域」などの意〕の語源になっている。

ローマ人にとっては、ローマの中心にしてローマ帝国の中心、ローマの体現するものすべての中心にあるのが、ユピテル・カピトリヌス・オプティムス・マクシムス神殿、すなわち至高至善のカピトリヌスのユピテル神殿である。

この神殿の基礎を建設したのはタルクィニウス王、王政時代最後の時期のことだ。共和政時代末期の混乱期に焼け落ちて、再建されたものの後69年の内戦でふたたび破壊された。いまある神殿はドミティアヌス帝が建てたものである。アルクス丘にはユピテルの妻ユノの神殿があるほか、*auguraculum*(アウグラクルム)もある。天から送られるしるし——飛ぶ鳥や落ちる流星など——を見に、市の神官たちがやって来る場所だ。ちなみに地面に落ちると言えば、フォルムを見晴らすカピトリヌス丘には、タルペイアの岩という悪名高い名所がある。ここは、犯罪者や反逆者を突き落として処刑する場所である。ローマの原理原則によれ

ロムルスが開設した避難所(アシュルム)は、カピトリヌス丘から下っていくならば、ふたつの林のあいだの囲いのなかにある。
——リウィウス『ローマの歴史』1・8

第3章 泊まる

ば、正義はおこなわれるだけではだめで、できるだけ残酷かつ派手におこなって、それを人々に見せなくてはならないのだ。

　カピトリヌス丘は、パラティヌス丘よりさらに人が住んでいない。ローマの信仰と防衛の中心であるだけでなく、この丘には巨大なタブラリウム——ローマ国家の記録保管所があり、元老院の議事録をはじめとしてさまざまな記録が収められている。

　歴史あるローマの7丘には含まれないが、この都市にとってはその他3つの丘もたいへん重要だ。ピンキウス丘は、超のつく富豪たちが目を見張る広大な屋敷を構えているので、庭園の丘と呼ばれている。ヤニクルム丘は尾根で、かつてはローマの西の防衛線とされていた。そしてもうひとつがウァティカヌス丘である。ローマ人からすれば、ネロの競技場(キルクス)の近くの丘というぐらいの意味しかないので、そこに巡礼がやって来るのをうさんくさく思っている。巡礼たちに言わせると、その丘には「聖ペトロ」の墓があるのだ。

　クレストゥス教（このころはそう呼ばれている）の信者は、おそらく地中海東部人(レバント)やユダヤ人商人に混じって、ティベリス河対岸地区(トランステイベルム)に宿をとるのだろう。ポメリウムのすぐ外、ティベリス河の西にあって、どこまでも国際色豊かな都市のなかでもとりわけ国際色豊かな区域である。

ローマ豆知識

†クラウディウス帝の淫乱な妻メッサリナは、クィリナリス丘のサッルスティウスの庭園で亡くなった。大逆罪で逮捕される前に自殺したのである。

†多くのローマ人は、エスクィリヌス丘には幽霊が出ると信じている。ここに古い墓地があるからだ。

†ロムルスとレムスの兄弟は、どこに都市を築くかで意見が分かれていた。ものごとが違う方向に進んでいたら、強大なレーマがアウェンティヌス丘に築かれることになっていたかもしれない。

†皇帝たちが登場する以前、パラティヌス丘に住んでいた有名人としては、キケロ、ポンペイウス、マルクス・アントニウス、そして第1回三頭政治のメンバーにして大富豪のマルクス・クラッススがいる。

宿の種類

ロ　ーマのどこに泊まるかは、予算と目的、そしてどれぐらい滞在するつもりかによる。ローマの住宅はたいてい賃貸で、家主はふつう月ぎめや週ぎめで喜んで部屋を貸してくれるし、場合によっては時間ぎめ（特殊な用途のため）ですら文句は言わない（第7章「楽しむ」参照）。下の例はポンペイで見つかったものだが、こういう広告が空室・空家の壁に書いてあるのが見られるだろう。

部屋を借りるのもいいが、*hospes*（ホスペス）の家に泊めてもらえれば理想的だ。ホスペスとは、市内の一軒家でもてなし(ホスピタリティ)を提供してくれる友人のことである。その家が高級な丘にあればなおよい。また、風が通るくらい高く、しかし水道の来ている箇所に行きにくいほど高くないところ

7月1日から貸します

通りに面した店舗、勘定台置けます

豪華な2階建てアパートメント、
およびタウンハウス1軒

興味のあるかた、グナエウス・アッリウス・ニギドゥス・マイウスの奴隷、プリムスにご連絡ください

にあれば言うことはない。

　にぎやかな通りに面する家には、正面に小室がついていることが多く、そこに小さな商店が入って衣料品や小物やおつまみを売っている。閑静な地域では、壁は下から4、5フィートつまり1〜1.5メートルまでは赤く、そこより上は白く塗られていることが多い。正面部分には窓がなくて要塞のようで、頑丈そのものの木製のドアがあるきりだ。ド

ローマのアパートメント。ほとんどのローマ人はこのような集合住宅に住んでいる。1階には便利なことに商店や料理店が入っている。こういう住宅では、高級なのは2階の部屋だ。建物全体を支えるために、低い階のほうが壁が厚い（厚みが1.8メートルほどもある）ので、戸外の騒音や暑さ寒さの影響を受けにくいからだ。

アがあいているときでも、すぐ内側に番人ががんばっている。これを見ると、ローマが夜にはほとんど無法地帯と化すことを思い出す。「ちょっと軽率すぎると思われたくなかったら、晩餐会に出かけるときは前もって遺言を作っておくべきだ」と風刺詩人のユウェナリスは言っている。「帰宅途中、桶いっぱいの汚物を頭から引っかけられるぐらいですんだら、運がよかったと感謝しよう。この街には乱暴な酔っぱらいがうようよしている。だれかをぶちのめさないとよく眠れないという連中だ」。ローマの読者なら、アプレイウスの小説『黄金のロバ』には共感できるだろう。舞台はローマではないが、頑丈なドアがなぜ重要なのかよくわかる。

> 最初の通りに差しかかったとき、たいまつの火が消えた。……帰り道がなかなか見つけられず、暗がりでつまずいてばかりいた。そしてやっと入口にたどり着こうというとき、ことのほか大柄な人間が3人見えた。なかに押し入ろうとして門扉と格闘している。私に気がついても逃げるどころか、いっそう激しく門を破ろうとするばかりだった。こいつらは特別ずうずうしいたぐいの泥棒であると私はごく妥当な結論を下し、まさにこういうときのためにマントの下に携帯していた剣を取り出すと、さやを払って3人に斬りかかった。……
> ——アプレイウス『黄金のロバ』11

ドアをくぐって、最初に入る部屋は *vestibulum*（ウェスティブルム）だ。ふつうは細長い玄関の間で、街着や長靴

を置いておく場所だが、地位の高いローマ人の屋敷ではこれが半公的な空間になり、毎朝庇護民(クリエンテス)が集まってきて、保護者(パトロヌス)に挨拶をしたり頼みごとをしたりする場所になっている。ちらつくオイルランプの光で、モザイクの床に歓迎の言葉が書かれているのが見えるかもしれない。たとえば *Salve*（サルウェ、「ごきげんよう」）とか、おなじみの *Cave canem*（カウェ・カネム、「犬に注意」）とか。ウェスティブルムの奥に入ると、田舎のウィッラと同じく、都会の屋敷も中央広間(アトリウム)を囲んで建てられている。アトリウムの天井には空に開く穴があいているが、これは煮炊きの火の煙を外に逃がすため、また雨水を貯めて家内で使うためだ。

　このアトリウムの側面には *cubiculum*（クビクルム）と呼ばれる小さな部屋が並んでいて、休息や読書や睡眠に使われている。かなり宏壮な屋敷でも、このクビクルム(キュービクル)はまさに更衣室ぐらいの広さしかない。ローマ人はひとりで過ごすことが少なく、いつも自分の（しばしば極端に拡大された）

市民ひとりひとりの家よりも神聖なものがあろうか。神へのあらゆる畏怖によって、これほど強固に守られているものがほかにあるだろうか。　——キケロ『わが家について』109

ボレアス［北風の擬人化表現］ですら、この部屋はすきま風がひどいと思うだろう。
　　　　　　　　　　　　——マルティアリス『エピグラム』8・14

この屋根裏で私は鳩とともに眠り、垂木からしみ込んでくる雨に凍え、この建物が火事になっても最後まで気がつかないのだ。　　　　　　——ユウェナリス『風刺詩』3・200〜2

家族、あるいは友人や仕事仲間といっしょに過ごしているからだ。排泄ですら社交の場でおこなわれる都市で（第3章の「衛生設備」参照）、ひとりで寝られる場所があると期待してはいけない。ローマ人の家は人がおおぜいいるのがふつうで、アトリウムの列柱のあいだを子供たちが走りまわり、火のそばには歯のないお祖母さんたちが座り、奴隷は忙しく立ち働き、いとこやはとこ、だれそれの嫁だの遠縁の娘だのが機を織ったり針仕事をしたりしながら、冗談を言ったりうわさ話をしたり悪口を言ったりしている（拡大家族のあいだではもめごとが起こりやすいが、家庭内がうまくまわるように気をつけるのは、家内で最も地位のある女性、すなわち *materfamilias*——マテルファミリアス、家母——の仕事だ）。

ちょうどよいおりだから、ローマに暮らすさいのもうひとつの問題をここで紹介しておこう。それは騒音だ。

> この都には、貧乏人が静かに心を落ち着けられる場所などどこにもない。朝一番には学校教師がすさまじい声を出すし［ローマでは学校は夜明けに始まるうえに、授業は戸外でおこなれわることが多い］、しかも夜明けより早く、すでに一度はパン屋にたたき起こされている。銅鍛冶は一日じゅう鍋釜をがんがんやって、人の神経をすり減らしてくれる。こっちでは、両替屋がすすけた台のうえで手すさびに硬貨をじゃらじゃらやっているし、またあっちでは、ヒスパニアの黄金を叩いて金粉にする男が、すり減った石をきらきら光るハンマーでがんがんやっている。
>
> ——マルティアリス『エピグラム』12・57

Ⅰ　カピトリヌス丘のユピテル神殿。何度も再建されているが、この絵はかなり早い時代の姿である。ローマがまだ王政だった紀元前6世紀初めごろ、エトルリアふうの神殿がどんな姿だったかがわかる。

Ⅱ（次ページ）　ローマ人には見られなかったローマ市の景観。この神の視点から描いた絵では、左にキルクス・マクシムス、右にコロッセウム、そのふたつにはさまれて、クラウディウス水道橋がパラティヌス丘に水を運んでいる。このふたつとカピトリヌス丘のユピテル神殿とで三角形を作ったとき、コロッセウムと神殿を結ぶ辺の北側に沿ってフォルムがある。

Ⅲ Aula Regia（アウラ・レギア）、皇帝の玉座の間。ドミティアヌス帝によって造られた。この部屋は、訪れる者――どこから（あるいはいつから）の訪問者であろうと――を威圧する効果を狙って設計されている。

Ⅳ ポンペイウス劇場。カンプス・マルティウスの端にある。背後にあるのはウェヌス神殿。その神殿に通じる階段が、うまいぐあいに劇場の座席を兼ねており、1万7500人の観客を収容できる。当時、ローマでは石造りの劇場が法律で禁じられていたので、それをかわすためのくふうである。

Ⅴ　ポンペイウス劇場はたんなる芝居小屋ではなかった。ローマの公衆浴場と同じく、本格的なレジャーセンターだったのだ。劇が上演されていないときでも客を惹きつけ、ポンペイウスの大人物ぶりを見せて感心させるのがその目的だった。

Ⅵ　マルス・ウルトル（復讐者マルス）神殿。アウグストゥスのフォルムにあり、両側の屋根付柱廊（ポルチコ）にはローマの偉人の彫像が並んでいる。なかでも目立っているのがユリウス家の人々の像だ。

ローマ豆知識

†とくにすぐれたローマ市民が亡くなると、蠟でデスマスクを作ってそれを館のウェスティブルムに掛ける。訪れる庇護民(クリエンテス)に一族の偉大さを改めて見せつけるため、そしていまの世代の子孫を発奮させるためだ。

†ローマの土地の約4分の1は公有地で、3分の1は2000戸ほどの個人住宅が占め、圧倒的多数のローマ市民は、その他の(あまり条件のよくない)土地の *insula*(インスラ、集合住宅)に住んでいる。

†キケロはあるとき、貸しているアパートメントをなんとかしなくてはならないと書いている。全体にぐらぐらしていて、ネズミも逃げ出すほどだというのだ。

……そして夜になると……

　なにしろここローマでは、病人は睡眠不足のせいで死ぬのだ。……細く曲がりくねった路地を荷車ががたがた走りまわり、その御者の罵声には聾者も目を覚ますほどである。
　　　　　——ユウェナリス『風刺詩』3・232、236〜238

　ひとつにはこのせいで、一部の住宅では通りに面する正面が比較的狭くなっている。家は奥に長くのびて、通りから最も遠い奥の奥に庭をつくるのだ。
　ローマ市内には、独立した住宅より巨大なアパートメントのほうがはるかに多い。ひとつの建物——insula（インスラ）と言う——に、そんなアパートメントが6戸から8戸も詰め込まれている。そういう建物が谷から丘のふもとにかけてひしめきあっているものの、その質はピンからキリまでさまざまだ。すきま風の入るひと間きりの部屋もあれば、設備の整った部屋数の多いアパートメントもある。
　アパートメントは2階が理想的だ。泥棒に入られにくいわりに、水や荷物を運びあげるのも苦にならない。火事のときや建物が一部崩れたときも、この高さなら飛びおりて逃げられる。
　トラヤヌス帝の勅令で、アパートメントの高さは58フィート（約18メートル、一般に5階の高さ）までに抑えられている。またネロ帝の時代には防火規制が導入された。しかし、ともあれ忘れてならない規則は、借りる前にはよく調

べるべし、である。

衛生設備

ローマでは、ちょっとどうかと思うほど汚物だめが井戸のすぐそばにあるが、それほど心配する必要はない。市内には大規模な下水道があって、上水道からの排水が定期的に流されているのだ。ローマの最古にして最大の下水道は、フォルムの地下を走るクロアカ・マクシマである。とても大きな下水道だから、やってみたいと思うならだが、舟でめぐることもできる。多くのアパートメントには重力利用の衛生設備があって、これは下水道や中央の汚物だめにつながっている。しかし、安全確実な室内便器を利用しているところも多く、排泄物はときどき肥料にするために回収されている。また、そのまま通りに捨てるところもある。通りに小さい飛び石が置いてあったりするのはそのためだ。あれは、通りかかった一般人が足を汚さずにすむようにしているのである。

縮絨業者は尿酸が商売道具だから、大きな壺（アンポラ）を街角に設置して公衆からの無料奉仕を受け取っているが、ウェスパシアヌス帝がその使用料として2アス徴集することにしたため、人々はいまも内心怒り狂っている（20世紀後半にいたるまで、パリの同様の施設が *Vespasiannes*（ヴェスパジア

彼は一日じゅう便所で過ごす。……腹を下しているわけじゃない、晩餐の招待を待っているのさ。
　　　　　　　　——マルティアリス『エピグラム』11・77

ン）と呼ばれていたのはそのため）。ちなみに、ウェスパシアヌスが按察官(アェディリス)という公職——通りを清潔に保つのも仕事のひとつ——についていたころ、その仕事がまったくなっていなかったため、時の皇帝カリグラは、ウェスパシアヌスのトガに道路の汚物を詰めるよう命令したそうだ。

できれば公衆浴場の近くの宿を探そう。公衆浴場では、浴場からの排水がつねに便座の下を流れている。便座は基本的に、要所要所に穴のあいたベンチである。これに座って用を足しながら、同じ浴場の客たちとその日のうわさ話に花を咲かせられるというわけだ。ただし若い客には用心しよう。油にひたした羊毛の束に火をつけたのを、こっそり上流のトイレから流して、それを面白いジョークだと思うのがいるからだ。こんな火の塊にお尻のすぐ下を流れていかれたら、それだけでその日一日が台無しになってしまう。

急病になったら

ローマの、あるいは古代世界全般の医療についてあまり知らないという人は、自分の無知に感謝しよう。ローマのカテーテルだの、産科器具だののことは知ろうとしないほうがいい。ローマで急に病気になったら？　こちらからできる最善のアドバイスは——「なるな」だ。

ローマには、ないものはないと言うぐらい、ありとあらゆる病気や感染症がはびこっている。梅毒や腺ペストはなさそうだが、結核、レプラ、破傷風がそれをじゅうぶん以上に補っている。名高い医師アレタエウスは、破傷風患者

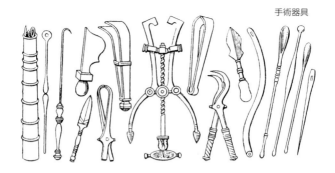

手術器具

を診る医師にこう助言している。「患者の生命を奪うよう神々に祈っても許される、これはそういう病気のひとつである。患者の生命を救うことはできず、苦痛をやわらげることもできない。曲がった四肢を伸ばしてやることすらできない。無理に伸ばそうとすれば切断するか折るしかない」

　ここは抗生物質のない世界、ちょっとしたすり傷から敗血症になったり、敗血症から死に至ったり、急性盲腸炎で死ぬのがごく当たり前だったりする世界なのだ。ずらりと並ぶ病気のリストを眺めたら、これで長生きできるローマ人がいるのかと首をひねるだろう。その疑問に対する答えは、「あまりいない」である。しかし忘れてならないのは、おとなになれたローマ人はみな、とくべつ頑丈な免疫系のおかげでそこまで育ったということだ。乳幼児の死亡率は恐ろしく高い。ローマでは40歳以上なら元老院議員になれるし、平均寿命は30歳未満なのだから、おとなのローマ人

はみな、文字どおり「生き残り」なのだ。

　病気の治療にはほとんど無力なローマ人だが、病気を避ける方法についてはかなりしっかりした考えを持っている。湿地に近づかないのが一番だと知っているし、哲学者ルクレティウスは黴菌をこう定義している。「小さすぎて目に見えない生物が空気中を漂っていて、口や鼻から体内に入ってくる。……これが重い病気を引き起こすことがあるのだ」

　ローマ人は、清潔な水、ちゃんとした食事、適度な運動の重要性をよく知っている。「健康は、自分の身体をきちんと管理するところから生まれる」と、影響力絶大の名高い医学者ガレノスは言っている。実際、もしも病気になって医者にかかることになったら、その医者がガレノスの信奉者かどうか尋ねるのがよい。なぜなら、ガレノスはたいていヒッポクラテスの助言に従っているからだ——「第一に、患者に害をなすな」

　これはどの医者にでも当てはまることではない。脊柱後彎の治療についての銘刻文によると、医師は「ひじょうに大きな石を3つ……後彎した脊柱に並べてのせた」。この男性は押しつぶされて死んだが、銘刻文には皮肉にもこう書かれている。「男は定規よりもまっすぐになって死亡した」(『ギリシア詞華集』11・120)

　大カトー〔前234〜149〕は医者を信用するなと息子を戒めて、あいつらはローマ民族の絶滅を画策しているのだと言っている。しかしカトーはまた、子供をじょうぶに育てるには、キャベツだけを食べて生きている男の尿に定期的

につけてやるのが一番だとも主張している（困ったことに、ローマ人は真顔で冗談を言うのが好きだから、カトーがどこまで本気だったのか判断に苦しむところである）。

多くの医者は、薬物だけでなくお祈りや護符も処方する。せっかくのアドバイスなのだから、それが処方されたのと同じ理由で、ここは従っておいていいだろう。なにしろ害がないのはまちがいないし、ひょっとして利かないともかぎらない。

もっと実用的なところでは、ホソバタイセイ（古代ブリタニアの戦士が身体を青く塗るのに使っていた）は消毒薬になる。多くのローマ人が使うワインや酢よりはまちがいなく効果がある。火傷は一般にブドウのタンニンで治療する。また出血を止めるためには、特定の樹木からとれる樹脂を傷口にあてて包帯を巻いたりする。ただれた虫刺されのあとや潰瘍などには、ローマ人の使うカラミン・ローションが効く。また鎮痛剤としてケシ汁が用いられている。歯痛がひどいときは、ケシの萠果(さくか)の皮を痛む箇所に当てるように指示されたりする（この薬草湿布を当てているときは、つばは呑まずに吐き出すこと。大量の阿片を摂取してしまう恐れがあるので）。

「かみ傷からは、ほぼ例外なくなんらかの毒が入る」とケルスス〔前1～後1世紀の有名な著述家。医学に関する著書は後世まで権威として尊重された〕は言っている。そのため、かまれた人はすぐにその傷を酢で拭いてもらう。あいにく風土病に狂犬病（恐水病ともいう）があるが、ローマ人の知っている唯一の治療法は、かまれた部位をすぐに焼灼し

第3章 泊まる　79

たのち、可能ならただちに切断することだった。ケルススが特記しているように、いったん狂犬病が発症したら、水を強制的に摂取させることはできても、病気が脳に達して致命的な痙攣が起こるのを防ぐことはできない。

服　装

た だの観光なら、トガを用意していく必要はない。どっちみち、トガを着る資格があるのはローマ市民だけである。だいたい、トガは夏は暑くて冬は寒い。それに毛織物だし、長さは着る人の身長の3倍（だいたい5メートル）、幅は3メートルもあるから重い。形は大きな半円形で、直線の辺を内側にして左肩にかけ、背中にまわしてから右腕の下を通してまた左肩にかける。どこも留めていないので、左のひじをずっと曲げていないとほどけて落ちてきてしまう。

　トガを着慣れた人はプリーツふうにみごとなひだを寄せ、また右腕の下を通るところでは、直線の辺の部分がたるんで垂れ下がるようにする。大きくて便利なポケットとして使われるのだが、これを *sinus*（シヌス）という（なにかに巧みにもぐり込むことを、insinuate oneself と言うのはここから来ている）。しかし、得意げにトガを着ている人々は、じつはそれ専門の奴隷——*vestiplicus*（ウェスティプリクス）——に着せてもらっていることが多いのだ。そういう奴隷の手腕で、背後にもたるみを作らせておくこともある。これは小さなフードになって、犠牲を捧げるときに頭を覆うのに使う（特定の行事のさいに犠牲を捧げるのは、公職者

📖 トガの種類

toga candida（トガ・カンディダ、純白のトガの意）
　選挙に出馬した人（つまり candidate、候補者）が着る
toga virilis/pura（トガ・ウィリリスは男のトガ、トガ・プラは無垢のトガの意）
　染めていない、くすんだ白のトガ。市民のトガである
toga praetexta（トガ・プラエテクスタ、縁取りしたトガの意）
　未成年の子供および行政官が着る
toga pulla（トガ・プッラ、暗色のトガの意）
　黒っぽい毛織物のトガ。職人や服喪中の人が着る
toga picta（トガ・ピクタ、装飾されたトガの意）
　紫色のトガ。凱旋将軍や皇帝が着る
toga trabea（トガ・トラベア、縞の入ったトガの意）
　縞の入ったトガ。神官が着る

や家長の務めだ）。

　ローマの男性はみな、特定の行事のさいにはトガを着用する。正式におとなと認められる儀式では、*toga virilis*（トガ・ウィリリス、「男のトガ」の意）を着る。結婚するときはトガを着るし、亡くなったときは屍衣としてトガで遺体を包まれる。いっぽう、女性がトガを着ていたら（*toga muliebris*——トガ・ムリエブリス、「女のトガ」の意）、それは売春婦のしるしだ。ちゃんとした女性は *stola*（ストラ）を着るものだ。

　ストラは前と後ろに分かれていて、それを縫い合わせて筒状にしたものだ。てっぺんの2か所をブローチで留めて、できた3つの穴から頭と両腕を出す。*zona*（ゾナ）という

盛装したローマ人の家族。ふだんのチュニック姿ではない（女性が慎み深く足を隠しているのに注目）。

幅広のベルトを胸のすぐ下に巻くので、多少は形が整うが、この服はたいてい隠れてしまう。そのうえから、毛布を正方形に切ったような、*palla*（パッラ）というショールを巻くからである。しきたりに縛られる男性のトガとちがって、女性のストラは本人の好みや手に入る染料によってどんな色にでも染められる。ほとんどの染料は植物か鉱物が原料だが、すぐに色落ちするので服はどうしても単色ものになりがちだ。とはいえ、赤、緑、青、黒の染料はすべて店で売っている。2色入りの服をどうしても着たいなら、いっぽうの染料は紫か青か赤にするしかない。これは *murex*（ムレクス）という色落ちしにくい染料で、巻貝の一種から採れる。めずらしい巻貝なので、この染料はひじょうに高価だ。

　女性の衣裳が種類に乏しいと思い込んではいけない。こ

の嘆きの声に耳を傾けよう。

　婦人服の仕立屋、宝石商、毛織物屋——それがみんな待ち構えている。また縁飾りや下着やベール、紫の染料や黄色の染料、マフやミルラの香りの履物の商人たちもいる。そこへ亜麻布屋がやって来たかと思えば、靴作りは来るし、靴直しはしゃがみ込んでいるし、スリッパやサンダル売り、アオイの染料の商人まで押しかけてくる。ベルト作りは寄せてくるし、それといっしょに飾り帯の職人もやって来る。これですっかり支払いがすんだとほっとしていると、降ってわいたよ

ローマ豆知識

†クラウディウス帝はあるとき、ローマ市民を詐称したと告発された男を裁いたことがある。告発されているときはギリシャふうの服を着て、弁護するときはローマのトガを着るように、と皇帝は命じたそうだ。

†小カトーは同時代人を軟弱だと軽蔑していて、チュニックを着ずにトガを巻き、下着はいっさい身に着けなかった。

うに機織りだのレース職人だの宝石箱作りだのが——それもわんさと——現れて、ウェスティブルムに牢番のようにがんばって支払いを迫ってくる。そこで次々になかに呼び入れて勘定を清算する。「ともかく、今度こそすっかり払い終わった」と思ったら、そこへサフラン染めの職人たちがどっと押しかけてくるという寸法なのだ。

——プラウトゥス『黄金の壺』第3幕第5場

さほど格式張らない場面では、ローマ人は年齢や社会階級にかかわらずみなチュニックを着る。これは基本的に膝丈のTシャツのようなもので、なかほどをベルトで締めて着る。なにかを持ち運ぶときはチュニックのえりから中に入れ、ベルトのところで留めているので、ローマの泥棒は人のベルトを切り、地面に落ちてきたものをつかんで逃げるというのが常套手段である。元老院議員の場合、チュニックには幅広の縞（*latus clavus*、ラトゥス・クラウス）が入っているので区別できる。これはトガにも入っている。また騎士（エクエステル）——元老院議員に次いで高い身分——も服に縞を入れるが、こちらはその幅がやや狭い。

subligaculum（スブリガクルム、下ばき）はたいていの人が着けている。文字どおりには「下に縛る小さなもの」という意味である。金はかかるし柔弱だと軽蔑されるが、絹のこれを着けるとぐっと快適になるのでお勧めだ。女性なら、同じことが *mamillare*（マミッラレ）について言える。ブラジャーの前身、要するに乳バンドである。

ご婦人は、靴はなんでも好きなものを履いてよい。どっ

ちみちストラで完全に隠れてしまうからだ。恋人の足を見るだけで、血の気の多いローマ男はすぐに横になりたくなる（同伴者がいればなお可）。おおむね男女ともサンダルならまちがいないが、街を歩きまわるときは足全体を包むタイプが好ましい（トガを着るときはつねにこのタイプを履く）。ただし、屋内ではかならず脱いで、ひもで縛る軽いサンダルに履き替えること。道路の汚物をつけた靴で、きれいなモザイクの床を歩きまわられてはかなわないからだ。

食べる

　ユリウス・ケリアリス、わが家でごちそうするから、ほかにもっといい用がなければ来てくれたまえ。いっしょに風呂に行って（わが家の近くにステパヌス浴場があるのはきみも知っているね）、そこで第八時まで過ごそう［ローマでは夕食（*cena*、ケナ）は午後遅く食べる。浴場にはたいてい日時計があって、時間がわかるようになっている］。

　まず出てくるのはレタス……とリーキの本体から切りとった花茎。次は塩漬けのマグロ、これは小型のエソより大きく、また卵と木の葉で飾ったマグロもある。また、中温の熾火であぶった卵もある。ウェラブルムの通りで燻製にしたチーズに、ピケニウス山の霜に当てたオリーヴ。ここまでが前菜だ。そのあとなにが出るか知りたくないかな？　きみに来る気を起こさせるために嘘をつこう。魚、イガイ、雌豚の乳房、太った鶏、それと詰め物をしたガンだよ。

　　　　　　　　　——マルティアリス『エピグラム』11・52

食事はローマ人にとっては重要事で、一般に社交の場と見なされている。マルティアリスの空想の食卓はべつにして、ローマ人の食事では肉の比重はあまり高くなく、野菜やチーズをふんだんに食べる。とはいえ、ローマが豊かになるにつれて、週に1、2度は肉を食べる人々が増えてきた。鶏肉がおもだが、豚や牛も食べる（「トロイアの豚」では両方いっしょに食べる。これは、仔豚にほかの肉を詰めた料理だ）。

一軒家にはふつう独自の厨房がある。ゆでるにはさまざまなサイズの釜を使うが、かまどはかまくら型の粘土製で、

ローマ豆知識

† ローマにない食材としては、トマト、じゃがいも、ピーナッツ、米、蔗糖、チョコレート、蒸留酒——それにパスタがある。

† 遠地からの到来品もある。スパイスは東洋、クルミや特殊なパンはペルシャからの輸入品だ。

† カタツムリはごちそうだ。専門の農場で大量に養殖している。

グリレス〔ヤマネ料理〕

赤身の豚肉
詰めるぶんのヤマネの肉
（なければアレチネズミやハムスターでもよい）
挽いた黒こしょう
ミックスナッツ
ラセル〔セリ科の香草〕の葉数枚（ルッコラでも代用できる）
リクアメン少量

材料を混ぜて搗き、粗いペースト状にしてヤマネに詰める。詰め終わったら、素焼きの鍋に入れてかまどであぶり焼きにする（耳を焦がさないように！）。またはスープの鍋で煮てもよい。

薪か木炭で熱する。ほどよい熱さになったら、燃えかすをこそげ落として、なかに食材を入れて焼くのだ。たいていの集合住宅(インスラ)では、それでなくても火事になりやすいから、危険だというもっともな理由でかまどは禁止されている。そのためたいていの市民は、国から定期的に穀物を割り当てられると、それを粉屋からそのままパン屋へ持っていって焼いてもらい、パンの形で自宅に持ち帰る。しかし、ごく貧しい人々は穀物を加工する代金が払えないので、ゆでた小麦を主食にしている。さて副食はというと、特定の通りが食物市場として指定されている。市場は定期的に市内を移動するので、ふつうの道路だったのが露店のずらりと並ぶ市場に変わり、衣類や農産物を売るわけだ（第5章「ショッピング」参照）。しかし鮮魚が目当てなら、常設の市場に行くべきだ。そういうところでは、大きな石の台をくり抜いて水を入れ、生きた魚を泳がせている。ただ、地中海には魚の育つ大陸棚がないから、鮮魚は手に入りにくい。とうぜん値も張ることは覚悟しておこう。

　丘と丘のあいだ、人口密度の高い谷間は労働者階級の住む地域だ。ここでは、通りに面した店の2軒に1軒は食べ物屋ではないかという気えさする。ローマに数ある民族集団のうち、ただひとつの集団だけに向けた特殊な軽食を売る店もあれば、日除けの下でくつろぐ客に本格的な食事を出す店もある。ワインは無料で飲み放題で、アフリカやバル

　飲んで、食べて、ちやほやされて
　　　　──プラウトゥス『メナエクムス兄弟』第3幕第2場

ローマの調理用具

ミュラから輸入されるナツメヤシなどのつまみも同様だ。たとえば *dulcia domestica*（ドゥルキア・ドメスティカ、「わが家のお菓子」ぐらいの意）などを試してみよう。これは種をとったナツメヤシに、ドライフルーツやナッツやケーキクラムやスパイス（すべて果汁やワインに漬けたもの）を詰めたおいしいデザートである。

　ローマ人はスパイスを盛大に利かせた料理が好きだ。食物を保存する方法がまだあまり発達していないから、舌を刺す刺激によって、食物が傷みかけているのをごまかそうとしているのだろう。ぴりっと辛い魚醬のガルムは、ふつうスペインや中東から輸入されているが、これを使った料理も多い。ガルムのつんとする風味をじゅうぶんに味わえ

るように、この調味料の製法を紹介しよう。魚のはらわた、スプラットイワシやアンチョビーなどの小魚を丸ごと、大きな桶に入れて塩をふる。しばらくおいて発酵させてから、大きな浅い盆に移して天日干しにする(ここでワインを加えることもある)。そのまま1か月か2か月おいて「熟成」させたのち、その腐敗したもの(リクアメン)を目の詰まった木製のかごで濾す。ここで煮立てたぶどう汁を加えることもある。これを壺(アンポラ)に詰めてローマに出荷し、それをわれわれが喜んでいただくというわけだ。

　蜂蜜と果物は辛口の料理でも主要な材料になっているほどで、おかげでローマの料理はかなり甘酸っぱい。ローマの料理ライター、アピキウスの著書は何世代も生き残ってきているし、この節の締めくくりに文章をふたつ引用しておこう。まずはアピキウスのレシピ(87ページ。一部21世紀ふうに書き改めてある)、そして次にあげるのは小プリニウスが用意した豪華な食事だ。

　　さて、わがよき友よ!　きみは夕食に来ると言っておいて、とうとう姿を見せなかったね。
　　では、正義はおこなわれなくてはならない——私がきみのために切った身銭を、1デナリ残らず払ってもらうよ。言っておくが、けっしてささやかな額ではないからね。
　　知りたいなら教えてあげよう。私が用意していたのは、ひとりにつきレタスが1個、カタツムリが3つ、卵が2つ、大麦のケーキ、甘いワインと雪(この雪についてはぜひとも代金を請求しなくてはならない。とっくにサラダのうえで溶けて

しまったから)。オリーヴ、ビーツ、トウガン、玉ねぎ、その他同じように高価なものがどっさりきみを待っていたのに……
——プリニウス『書簡集』11「セプティティウス・クラルスへの手紙」

第4章
出かける

外で食べる、人に会う、
ローマ人の名前、社会階層、
奴隷、家庭

外で食べる

ローマは外国人が多く住む都市だから、よそ者が社会的なルールを知らなくても、ある程度は大目に見てもらえる。だがそう言っても、ローマ社会はあきれるほどお高く止まっていて地位や身分にうるさいので、エチケット違反は最低限に抑えるのが賢いやりかたというものだ。

> お目にかかったとき、へたくそな床屋のせいで
> 私がひどい髪形をしていたら、あなたは笑う。
> ガウンが歪んでいたり、新品のチュニックの下に
> ぼろぼろの下着を着ていたりすると、あなたは笑う。
> ——ホラティウス『書簡詩集』1・1

ころばぬ先の杖というわけで、ここではローマの社会や文化を理解するため、とりわけローマの社交の最前線、すなわち晩餐会でのふるまいを理解するために、基本的な「杖」を伝授しておこう。

　ローマを訪れたら、あっちこっちから晩餐会に招待されると思っておこう。これは施しでもなければ、ただのもてなしというわけでもない。晩餐に招待するのは、新参者を値踏みするのによい機会だからである。そのうえで、互恵的な関係（*amicitia*、アミキティア）が結べるかどうか判断するわけだ。また、その外国人がとても珍しければ、ほかのゲストが面白がるだろうというので招待することもある。

　そんな招待を受け取ったら、使いの者にいろいろ質問しよう。向こうはそれを予期していて、なんと答えるか用意しているはずだ。たとえば、その食事が *cena*（ケナ）、つまり料理が何皿も出てくる本格的な正餐なのか、それとも *symposium*（シュンポシウム）、つまり軽食つきの酒宴なのか確認しておかなくてはいけない。もしケナなら、酒は「ギリシャ式」（つまり強い）なのかどうか尋ねておこう。もしそうなら、帰るときのために輿を用意しておかなくてはいけない。格式張らない食事なら服はチュニックでよいが、もう少し改まった食事なら、*synthesis*（シュンテシス）という正餐用のチュニックを着る。しかし、よほど正式な場でないかぎりトガは着ていかない。

　ナプキンは持参が基本である。たいていは大きなものを用意する。ローマ人は、フォークはほとんど調理と給仕用にしか使わず、食べるときはおおむね手づかみなのだ。ス

パイスやソースがふんだんに使われているから、どうしてもべたべたぐちゃぐちゃになりがちだ。食事のあとはふつう、残った料理を持ち帰るように勧められる。ローマ人はこれをことのほか喜ぶので、ナプキンはいわばタッパー代わりとしても必要になるのだ。

　基本的に、ちゃんとした女性はひとりで晩餐会に招待されることはないが、夫といっしょなら出席したり主催したりすることもある。その代わり、ご婦人がたは午前中に友だちどうしで集まっている。

　晩餐会が夜遅くまで続くことはめったにない。これは当然のことで、客はみな夜明けの1時間ほど前には起床するのがふつうだからだ。ローマ人はまちがいなく朝型人種で、朝食前に数時間仕事をしたり、夜明けとともに仕事で人の家を訪ねるのを当然と思っている。まだ暗いうちに子供は学校に行き、商人は店をあけ、家内の奴隷たちが忙しく働いてみなを叩き起こす。だから午後になるころには、1日でいちばん暑い時間を、たいていのローマ人が静かに昼寝をして過ごせるというわけだ。

　レントゥルスのところで晩餐会に出たあと、腹の虫が大暴れでした。……牡蠣とヤツメウナギには用心して手を出さなかったのですが、ビーツにやられたのです。
　　　　　　　　　　　——キケロ『友人への書簡集』7・26

　ユダヤ人とシリア人とエジプト人とローマ人がいて、食に関する全員の意見がすべて正しいなどということがあろうか。
　　　　　　　　　　　　　——エピクテトス『語録』1・11

昼寝のあとは浴場に向かう。昔は、ほとんどのローマ人が市場の立つ日ごとに（つまり9日に1度）本格的な入浴をしていたが、最近では柔弱になって、たいてい少なくとも1日おきに入浴している。*caldarium*（カルダリウム）、つまりいちばん熱い浴室でごろごろしてしばらく過ごしたあと、*tepidarium*（テピダリウム、ぬるい湯）にちょっと浸かって火照りをさます。そしてそれから――昼の第10時ごろ〔日の出から日の入りまでを12等分したときの10番めの時刻。したがって季節によってちがい、冬は2時ごろ、夏は4時ごろになる〕――いよいよ夕食にとりかかるわけだ。

　招待主の家に着いて、内履きのサンダルに履き替えると、そこで *tricliniarcha*（トリクリニアルカ）――いわば古代の執事――に出迎えられ、その「執事」がとくに采配を振る部屋、すなわち *triclinium*（トリクリニウム、食堂）に案内される（ただし、古い家やあまり設備の整っていない家では、食事はいまもアトリウムでとる）。晩餐はローマの社交生活上ことのほか重視されているから、食堂の内装にはできるかぎり贅が凝らしてある。床にはおそらくモザイク画が描かれているだろう。床にもう食べものがこぼれているかのような愉快な絵や、狩猟の場面が描かれていたりする。しかし、髑髏どころか完全な骸骨、果ては葬儀の場面が描いてあっても驚いてはいけない。ローマ人は、思いきり生を楽しんでいるときも、その陰惨な裏側を忘れずにいるほうが興をそそられると思っているのだ。

　最高の食堂の条件は、いっぽうの壁が開いていて、おそらく（その家が丘の高いところにあれば）市内を見渡すこと

第4章　出かける　　95

ができるか、それが無理でも、少なくともその家のつつましい庭が眺められることだ。壁にはフレスコ画が描かれていて、そのテーマは庭園か田園地帯である。それを眺めながら想像力を働かせて、ここは市壁のなかではなく、アルカディアの野のどこかであり、その林間の空き地というユートピアで食事をしている気分になるというわけだ。せっかくの上品な内装だが、家の主人はたぶんこの部屋で毎日食事しているわけではないだろう。ふだんはもっと狭い部屋で、妻や子供たち、そして少数のお気に入りの解放奴隷と食事をしているはずだ。そんなとき、家長だけは寝椅子を使うこともあるだろうが、おそらくは全員が、ありきたりで実用的な椅子やスツールに座っていることだろう。

トリクリニウムで目立つのは、3脚の大きな寝椅子である。1脚は奥の壁ぎわにあって、向かいに広がる眺めを(それがなんであれ)堪能できる。2脚はその左右に並べる。正面側はあけてあって、食事しながら景色が眺められるとともに、召使がテーブルに近づけるようになっている。

食堂の寝椅子は大きなもので、少なくとも3人は寝そべることができる。テーブルに対して45度の角度に横になり、左ひじをついて食事をするわけだ。その家の夫人は、かりに同席するとしても、なにかあったらすぐに家の仕事に戻

アルキアスの寝椅子〔質素な寝椅子のこと〕に横たわるのがおいやでなければ、そして大きいとは言えない皿で肉なしの食事をとるのもおいやでなければ、わが家に客人としてお招きします。日の沈むころにおいでください。
　　　　　　　　　　——ホラティウス『書簡詩集』1・5

れるように、寝椅子ではなく椅子に腰かけるものだ。

　寝椅子に寝そべる段になると、客はすぐに、そして文字どおりに、「自分の位置」を思い知らされることになる。まず主人は左手の寝椅子のいちばん奥に陣取る。つまり、その夜の主賓のすぐそばだ。奥の壁ぎわの寝椅子の、主人にいちばん近いところが主賓の位置なのである。そして主人に歓迎されている順に2人の客が奥の寝椅子を占め、そうでもない2人が主人と同じ寝椅子、そしてその向かいの寝椅子はその他3人用というわけだ。

　　カッシウスが開いた晩餐会に、ブルトゥスは友人たちを招待した。客たちがそれぞれ食事の席に着こうとしているところへ、浴場から出てきたばかりのファウォニウスがやって来た。招待もされずに来たファウォニウスにブルトゥスは文句を言い、召使たちに命じて一番端の寝椅子に案内させようとした。しかし、ファウォニウスは召使たちを押しのけて、真ん中の寝椅子に陣取ってしまった。
　　　　　　　　　　　　――プルタルコス『ブルトゥス伝』34

　食事が始まる前には、おそらく *Lar*（ラル）という家の守り神たちに捧げ物がなされるだろう。ローマの宗教は多神教なので、ローマ人の世界では野にも川にも林にも小さな神々が住んでおり、またどんな家にも人格化された守り神がいて、住人の健康と幸福を守っているのだ。

　食器やカトラリー（ナイフ、フォーク、スプーンの類）はさまざまだ。木製もあれば、素焼き、白目、青銅、銀や金もある。質実剛健のローマの伝統に従って、高級品を使え

晩餐会の風景

る経済力があっても、食事は素焼きや木製の食器で出す人もいる（一時期は、金銀の食器を大量に持つのは法律で禁じられていた）。また、素焼きや木製の食器のほうが料理が冷めにくいという実際的な理由もある。特徴的な赤い粘土を使ったサモス土器がないか気をつけよう。素焼きは素焼きでも、これは金で買える最高の素焼きだと主人は控えめに自慢するにちがいない。

後1世紀のなかばにガラスを吹く方法が開発されてから、ガラス製品を飲用に使うのがだんだん一般的になってきた。食事中に出されるワインは *mulsum* （ムルスム）といって、冷やした白ワインに蜂蜜を加えたものだ。このワインは、スパイスを強烈にきかせた料理のあとの口直しに使おう。その目的で小さなロールパンも出されるから、それといっしょにどうぞ。食後にもっと上等のワインが出てくるのに、それが味わえなくなるともったいない。

ひと品め（*gustatio*（グスタティオ）という。卵、アスパラガスのサラダ、塩漬けの魚かヤマネが多い）は、気軽な雑談のお供として出され、そのあいだに客はたがいに値踏みを

しあい、主人がそれぞれにどういう態度をとるか観察する。

　たまたま、ある男の家で食事をしたのですが……彼の言う賢い節約法は、私には卑しい贅沢としか思えませんでした。とくべつ凝った料理は自分とごく一部の者にしか出さず、それ以外の者には安い残りものを出すのです。

　また、3種類のワインを入れた小さな酒壜まで用意していました。これは客に選ばせるためではなく、逆にまったく選べなくさせるためです。1本めは自分と私、2本めは一段低い友人たち（というのは、おわかりでしょうが、彼は友情に応じて品質を変えているのです）、3本めは彼と私の解放奴隷が飲むワインなのです。隣席の客がこれに気づいて、こういうやりかたをよいと思うかと尋ねてきたので、私は思わないと答えました。

「では、あなたはどんな方法をおとりですか」と彼は尋ねました。

「全員に同じものを出します。客人を招くのは食事のためですからね。……その点では客人はみな平等ですから、すべて

ブロンズの椅子

銀製のボウルと杓子

第4章　出かける

について同じもてなしをするのです」
「解放奴隷でもですか」
「もちろんです。食卓では、かれらは解放奴隷ではなく友人ですから」
「それではずいぶん高くつくでしょう」
「そんなことはありません。……私が飲むワインを解放奴隷が飲むのでなく、かれらの飲むワインを私が飲むのです」
　　　——プリニウス『書簡集』2・6「アウィトゥスへの手紙」

　主菜は家畜の肉、猟獣や猟鳥の肉、家禽の肉、およびその組み合わせだが、香辛料のきいたソースがたっぷりかかっているので、なんの肉なのかわかりにくいほどだ。ミルクで太らせたカタツムリや、よく火を通した孔雀の脳みそのような珍味をどう思うかにもよるが、わからないほうが幸せかもしれない。少なくとも料理は小さなボウルでテーブルに出されるから、なにを食べるか自分でしっかり選ぶことができる。

　その夜の雰囲気を決めるのは余興だ。哲学者の著作の朗読、キタラの演奏、詩の朗読（主人が書いたものだったりする）などがある。ローマ人は教養をとても重視していて、きわどい踊り子（最高なのはガデス（現カディス、スペインの港市）の踊り子だ）などは見下している。さほど高尚でない晩餐会でも、そんな余興は下品すぎるのだ。

　デザートはけっして付け足しなどではなく、砂糖菓子、焼き菓子、果物やナッツがふんだんに出てくるだろう。

　食事のあとにくつろいで飲むワインは、ガリアやスペインやイタリア産が多い。それを飲みながら、今夜の最大の

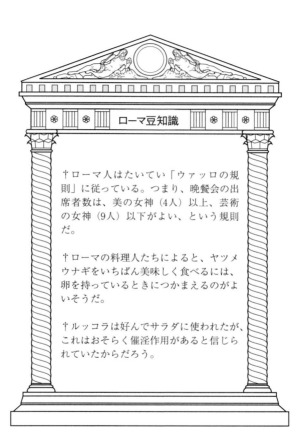

ローマ豆知識

†ローマ人はたいてい「ウァッロの規則」に従っている。つまり、晩餐会の出席者数は、美の女神（4人）以上、芸術の女神（9人）以下がよい、という規則だ。

†ローマの料理人たちによると、ヤツメウナギをいちばん美味しく食べるには、卵を持っているときにつかまえるのがよいそうだ。

†ルッコラは好んでサラダに使われたが、これはおそらく催淫作用があると信じられていたからだろう。

余興を鑑賞しよう。劇作家プラウトゥスのどたばた喜劇や道化や曲芸のほか、ときには剣闘士が数名で「スパーリング」をすることさえある。仕事の話をするのは野暮だが（それは翌日にすればいい。客どうしこうして知り合ったわけだから）、哲学や社会観察の話とか小話は大いに歓迎される。プルタルコスとアウルス・ゲッリウスというふたりの著述家が、そんな晩餐後の話題についてそれぞれまる一冊本を書いているから参考にしよう。宴会は真夜中になってやっと終わることもある（そう遅いとは思えないかもしれないが、それは明日の起床時間が午前4時でなければの話だ。しかも、客はそれから家へ帰らなくてはならないのだ！）。

人に会う

初めてだれかと会ったとき、ローマ人がぜひとも知りたがるのは、その人がどこの出身で仕事はなにかということだ。2度めに会ったときにどう反応するかは、最初に会話をかわしたとき、その新しい知り合いと *amicitia*（アミキティア）を結ぶ価値がどれぐらいあると思ったかによる。アミキティアはよく「友情」と訳されるが、ローマの哲学者セネカの言った「お互いに役に立ちあうこと」という解釈のほうが的を射ている。アミキティアとは、

カディスの娘たちが腰を振って淫らな踊りを踊るのを、無理に見せようとは思わない。その代わり、私の奴隷のコンデュルスに笛を吹かせよう。
　　　　　　——マルティアリス『エピグラム』5・78

amicus（アミクス、ここでは「友人」と「役に立つコネ」の中間ぐらいの意味）と贈り物や恩義をやりとりすることだ。ローマ社会は、こういう「友情」の複雑にからみあうネットワークでできていて、ローマ人がたがいに施しあう恩（*beneficia*、ベネフィキア）は、社会的な通貨のようなものである。

　そのせいで、ときどきひじょうに複雑なことになる。たとえば、あるアミクスがある人に、べつのアミクスのために便宜を図ってやってほしいと頼んだとすると、そのアミクスがどれぐらい恩を返すべきで、その友だちの友だちがどれぐらい返すべきなのか、その後に微妙な交渉がおこなわれることになる。あまりに多くのベネフィキアを受けていて、その恩をちっとも返さずにいると、だんだん評価が下がっていって庇護民(クリエンス)の地位に落とされるかもしれない。クリエンスは、保護者(パトロヌス)から受ける恩義に同等の恩を返すのでなく、別種の義務を負う人たちだ。つまり、必要ならお金を貸すとか（多くのクリエンスから借りればかなりの額になる）、パトロヌスが人前に出るとき、そのまわりに集まってどんなに多くの支持者がいるか見せつけるとかである。

　「しかし、それは私にふさわしくない」ときみは言う。なるほど、しかしふさわしいかどうかを考慮に入れるべきなのはきみであって、私ではない。というのは、きみ自身を知っているのは、そしてきみが自分自身にとってどれだけ価値があって、自分にどれぐらいの値段をつけているか知っているのはきみだからだ。なぜなら、人は自分にさまざまな値段をつけているものだから。　　　——エピクテトス『語録』1・2

第4章　出かける

忠実なクリエンスは、毎朝パトロヌスの家を訪ねて*salutatio*（サルタティオ、一種の朝の挨拶）をする。
　このサルタティオのさいに、クリエンスは自分の問題をパトロヌスに相談することができる。するとパトロヌスは、よい解決策を提供できそうな他のクリエンスにその話を持っていく。たとえば、ファブリクスが自分の娘のために適当な婿を探していて、それを自分のパトロヌスに相談したとする。するとパトロヌスは、たとえばスタティウス——年齢も社会的地位も釣り合う息子がいる——というべつのクリエンスにその話を持っていくわけだ。「パトロヌス」という語は文字どおりには「大きな父」を意味するが、「ゴッドファーザー」という印象的な訳語も当てられてきたことを考えると、どういう状況かわかりやすくなるだろう。
　ローマ人のふつうの挨拶は*ave*（アウェ）だが、これは「ごきげんよう」と「こんにちは」を足して2で割ったような意味だ。だから、ローマ人がマリアという名前の女性に会って挨拶すると、「アウェ・マリア」になる。それに続けて、*quis agis?*（クィス・アギス）とも尋ねるかもしれない。これは文字どおりには「いまなにをしていますか」という意味だが、要するに「調子はどう？」とか「どうしてた？」という挨拶だ。別れの挨拶は*vale*（ウァレ）なので、

　人は、自分を将来助けてくれると思えば、ためらうことなく相手の役に立とうとするものだ。
　　　　　　　　　　　——キケロ『義務について』1・48

急いでいるときに友人に会ったりすると、*ave atque vale*（アウェ・アトケ・ウァレ）などと言う。これはおおむね「こんにちは、そしてさようなら」という意味だ。

ローマの要人は、ひじょうに多くの「友人」を憶えておかなくてはならないから、記憶力のいい奴隷をそばに控えさせておいて、だれかに近づいていくたびに、その人の名前や関連情報をささやかせている。

ローマ人の名前

と いうわけで、ここでローマ人の名前についてひとこと。ローマの男性にはふつう3つか4つ名前があるが、女性には1つしかない。男性の場合、先頭にくる名前（*praenomen*、プラエノメン）は一般に、親しい友人や家族しか使わない。たとえばユリウス・カエサル、アウグストゥス、カリグラの3人は、みな母親からは「ガイウス」と呼ばれていたはずだ（さらにややこしいことに、「ガイウス」はたいてい「C」と略される。だから、Gaius Julius Caesar（ガイウス・ユリウス・カエサル）なら C. Julius Caesar となる）。

2番めの名は *gens*（ゲンス、氏族）の名だ。氏族はひじょうに大きくなりがちで、同じ「ユリウス」氏族どうしでも、ほとんどつながりがないという場合もある。21世紀の「マクドナルド」姓と似たようなものだ。ローマでは長男にはふつう父親と同じ名をつけるので（たとえば、ティトゥス・ラビエヌスの長男はティトゥス・ラビエヌスになる）、ローマ人は少しでも混乱を避けようと、名前の最後にニックネームをつける。これを *cognomen*（コグノメン）といって、

ローマ豆知識

†なにかと物議をかもす政治家、リウィウス・ドルスス〔前122〜91〕はあるとき、友人に *Quid Agis?*（いまどうしてる？）と尋ね、それに対して忘れられない返事をもらった。「いやドルスス、訊きたいのはこっちのほうだ。きみこそ、いまなにを企んでるか話してくれ！」

†アウグストゥス帝の奴隷は、帝の会った人の名前がなかなか憶えられなかった。いらだったアウグストゥスは、フォルムへ行くときはおまえには紹介状を持たせよう、おまえはだれの名前も知らないようだから、と皮肉を言った。

†皇帝は、「Imperator（インペラトル、皇帝の意）」の称号を一種のプラエノメン（ファーストネーム）として使っていた。

たいていその人の特徴に基づいた名前になる。たとえばストラボン（Strabon）は「斜視」、フェリクス（Felix）は「幸運な」、ポストゥムス（Postumus）は「父が死んだあとに生まれた子」、カエサル（Caesar）は「縮れ毛」という意味だ。あいにくなことに、このニックネームもまた子供に引き継がれることがあり、そのためアッピウス・クラウディウス・プルケル（*pulcher* は「美しい」の意）は先祖代々何人もいるので、やはりあまり区別の役には立っていない。

養子になると、「-anus」（ちなみにラテン語で *anus*（アヌス）は「年寄りの」という意味で、とくにしわくちゃの老婆をさす）で終わる名前をつける。たとえば、アウグストゥスは皇帝になる前はオクタウィアヌス（Octavianus）と呼ばれていた。もともとはオクタウィウス氏族の人なので、ユリウス・カエサルの養子になったときに、カエサル・オクタウィアヌスと名乗るべきだったのだ（ただし、本人は頑としてただ「カエサル」と名乗っていた）。

女性には名前がひとつしかない。父の氏族（ゲンス）をそのままつけるのだ。ユリウス・カエサルの娘はユリアであり、クラウディウスの娘はクラウディアで、コルネリウス・スキピオの娘はコルネリアだった。ローマ人はふだんは論理的なのに、こういう名前のつけかたは問題だとは思いもしなかったようだ。これでは一部の女性はかなり気の毒な名前になる（カトーの娘なんかポルキア〔「雌豚」の意になる〕だ）というだけでなく、娘が何人かいてもみんな同じ名前だから、たとえば大きなカルプルニア、小さなカルプルニア、

第4章　出かける　　107

☞ ローマのプラエノメンの略字早見表

A.	Aulus（アウルス）	**M.**	Marcus（マルクス）
Ap.	Appius（アッピウス）	**P.**	Publius（プブリウス）
C.	Gaius（ガイウス）	**Pro.**	Proculus（プロクルス）
Cn.	Gnaeus（グナエウス）	**Q.**	Quintus（クィントゥス）
D.	Decimus（デキムス）	**Ser.**	Servius（セルウィウス）
K.	Caeso（カエソ）	**Sex.**	Sextus（セクストゥス）
L.	Lucius（ルキウス）	**Sp.**	Spurius（スプリウス）
Mam.	Mamercus（マメルクス）	**T.**	Titus（ティトゥス）
M'.	Manius（マニウス）	**Ti.**	Tiberius（ティベリウス）

赤ちゃんのカルプルニアと呼んだり、最初のカルプルニア、2番めのカルプルニア……などと呼ぶしかなくなるのだ。

社会階層

ローマは強固な階級社会だ。だれもが自分の立ち位置をわきまえている——ときには文字どおりに。コロッセウムで座るべきでない場所に座ると、自分が見世物になってしまいかねない。ここは上院議員専用、ここは騎士専用と下（つまり前）から順に決まっていて、いちばん上（つまり後ろ）は女性や奴隷の席である。ローマの社会階層は基本的に、下から奴隷、外国人、解放奴隷、一般市民、騎士、上院議員、皇帝の順になっている。とはいえこれはもう少し流動的で、たちまち財力をつけて有力者になる解放奴隷もいるし、皇帝は上院議員でもある。階層の反対端を見れば、家内奴隷は農地奴隷を見下すし、ローマ国内で

生まれた奴隷は外国から輸入される野蛮な奴隷を軽蔑する。

奴　隷

正式に解放された奴隷は解放奴隷（自由民）となり、解放してくれた家族の下位メンバーになる。生まれつき自由な市民は、厳密には皇帝の解放奴隷より上の身分だが、皇帝の解放奴隷は帝室の下位メンバーなのだから、敵にまわすのはなんとしても避けなくてはいけない。ローマ市民によって解放された奴隷は自動的にローマ市民となる。

ローマ市民権が欲しいなら、ただローマ人と結婚するだけではだめだ。結婚しても国籍は変わらないから、いったんローマ人の奴隷になって解放してもらうのがよい。もちろん、自分で自分を売る相手のローマ人を、ほんとうに心の底から信用していなくてはできないが、この裏わざは帝国じゅうでおこなわれている。

ローマ人と奴隷とのあいまいな関係は、厳格で名高い大カトーの例がよく示している。彼は奴隷のことを「口をきく道具」と呼び、歳をとると維持費がかさむからその前に

「この奴隷〔用を言いつけても聞かない〕のような男を、人はどうして我慢するでしょうか」。あなた自身が奴隷だとして、自分の兄弟——ゼウスそのひとに創造され、あなたと同じ種の子で、同じ祖先の子孫である兄弟——を、あなたは我慢しないだろうか。また逆に、あなたがひじょうに地位が高いとしたら、ただちに暴君としてふるまうだろうか。
　　　　　　　　　　　——エピクテトス『語録』1・13

売り払うべきだと言っていた。だがそのいっぽうで、自分の奴隷のうち数人を解放しただけでなく、その解放奴隷のひとりが儲けた娘と結婚までしているのだ（ちなみにローマの法律では、もと主人が自分との結婚を解放奴隷に強制することはできない。ただし、まさにその目的で解放した場合はべつ）。

奴隷をぞんざいに扱ってはいけない。これは忘れないでもらいたいが、ローマ人は奴隷になった人を不運の犠牲者と見なしていて、だれにでも起こりうることと考えていた。「ただの奴隷」だという理由で見下す前によく考えよう。

ローマ豆知識

†奴隷はそれとわかる服を着るべきだという動議は、元老院で否決された。自分たちがどれだけ数が多いか、奴隷に思い出させてはいけないからである。

†奴隷が主人を殺すと、その罰として家中の奴隷全員が処刑されることになっている。

> 慈悲深い運命の女神のおかげで、
> 私［かつて奴隷だった］は解放され、
> ローマ市民となった
>
> ——ガイウス・ミュグドニウスの墓碑銘から

相手はまた、友人として主人に大いに信頼されているかもしれない。それどころか、もと所有者の養子になったり、跡継ぎになったりする奴隷もいるのだ。とはいえローマには、目を覆うような残酷な行為、無慈悲な仕打ち、度を超した残虐性の実例がごろごろしている。時代が違い、基準が違うのだ。

　友人たちよ、奴隷もまた人間であり、私たちと同じく母の乳を吸って育ったのだ。たんに不運に打ちのめされたにすぎない。しかし、もし私の幸運が続くものなら、私の奴隷たちも自由の味を知ることになるだろう。……遺言で、私はピラルギュルスには農地を残しておいた。また特別に、奴隷もひとり相続させるつもりだ——彼のいまの恋人を。
——ペトロニウス『サテュリコン』71から　トリマルキオの言葉

家　族

　ローマの父親は、自分の妻子に対して、奴隷に対するのとほとんど同じ権力を持っている。これは比喩でもなんでもない。いまだに古い法律が生き残ったままで、父親は息子を3度までしか奴隷として売ってはいけないと決まっているのだ。父親の権力は絶大で、わが子を鞭で打とうが、飢えさせようが、家から追い出そうが、はなはだしい場合は殺そうが、それを法で罰することはできない。

　幸い、社会秩序のほうが法律より強力な国の例にもれず、父親もそう勝手なことはできない。少なくとも、ほかのローマ人に正当な行動だと納得してもらえなくてはいけないからだ。でないと、生涯ひとりの友人も持てなくなる（これはじつは大変なことなのだ。ローマ人は仕事も社会生活も友

奴隷の少年

人が頼りだし、困ったときは友人たちが力を合わせて助けてくれると当てにしているし、友人がいなければ恩のやりとり——ローマ市全体がこれで動いている——もできない)。

　そういうわけで、家庭内で問題が起こると、というより重要な決定を下すときはたいていそうなのだが、ローマの家父長は一種の社会的反射行動として、まず最も信頼する友人たちを招集して委員会を開き、状況を説明して意見を聞く。友人たちの意見に拘束力はないが、少なくともこれで、ほかの人ならどうするのが正しいと考えるかよくわかるというわけだ。そのような委員会に招かれるのはたいへんな名誉だが、よそ者が呼ばれるのはたいてい「鑑定証人」が必要なときだけだ。たとえば、そのよそ者の専門分野で家父長が商売をしているとか、解放奴隷のひとりがその国出身の娘と結婚しようとして許可を求めているとか、そういう場合である。こういうときは、証人は事実のみを述べるべきで、直接求められないかぎり意見は言わないほうがいい。

　家族内での重要な区別として、*agnatus*（アグナトゥス、父の血縁者）と *sui iuris*（法のもとに独立）である人、というのがある。ローマの法律はこのあたりでは変わった考えかたをしていて、たとえ息子が60歳で父親が80歳でも、法のもとでは息子は父親に完全に従属することになっている。理屈のうえでは、息子はなにひとつ所有することはできず、どんなことでも父親に無条件に従わなくてはならない。ここから生じる家庭内の軋轢がもとで、ローマ人の恐れる親殺しが起こることがある。考えられるかぎり、これは文字

どおり最悪の罪なのだ（もっとも政府は、皇帝への反逆罪のほうが悪いとがんばるだろうが）。

　剣闘士、泥棒、暗殺者、親殺し、遺言状の偽造者、詐欺師、放蕩者、怠け者、不義者、あばずれ女、青少年を堕落させる者、不品行者、ならず者、イタリアじゅう探しても、そんな者たちのうちにカティリナと親密な関係にないと誓って言える者がひとりでもいるだろうか。
　　　　　　　　——キケロ『第二カティリナ弾劾演説』4

「この親殺しめ！」は好んで使われる罵倒語だ。謹厳な元老院議員さえ、互いにそう罵りあうことがあるほどだ。もっとも、その侮辱が事実だったとしたら、犬、雄鶏、毒蛇、サルとともに犯人は革袋に縫い込まれることになる（この不運な動物たちは、それぞれがこの犯罪を引き起こした悪徳——残酷さ、恩知らずなどなど——を体現すると考えられているのだ）。そのうえでめった打ちにされ、袋に入れられたままティベリス河に放り込まれるのである。ちなみに親殺し（parricide）には祖父殺しも含まれるし、母殺しも含まれ

　子供を正しく育てるのは重要きわまることだから、必要ならば厳しく折檻しなくてはならない。
　　　　　　　　——セネカ『怒りについて』2・21

　ローマの法律では、父は息子に対する絶対的な権力を与えられている。
　　——アレクサンドリアのピロン『ガイウスへの使節』5・28

るかもしれない。なお、実の父を殺すのは父殺し（patricide）という。

　話が極端に走ってしまった。忘れないでほしいのだが、だいたいのローマの家族はおおむね仲よくやっている。これはひとつには、仲よくすべきという社会的圧力が強く父親にかかっているからであり、またもうひとつには、父親の権力が絶大なので、仲よくするよう家族を従わせられるからでもある。さらに、夫と妻の関係が良好なのはほかでもない、離婚が（結婚と同じく）民事的な手続きで、どちらも社会的・宗教的な制裁を受けることなく別れられるからだ（ただしここでも、娘は実父から許可を得なくてはならない。ローマの喜劇では、夫婦げんかが始まると怒った妻がすぐに父を呼びにやるが、それはこのためである）。

　キケロは友人のアッティクス（その妹がキケロの弟と結婚している）に手紙を書いて、昼食どきの言い争いのことを知らせている。

> クィントゥス［キケロの弟］がやさしく「ポンポニア、女性はおまえが招いて、男性客のほうはぼくが相手をしようか」と言いました。私の見るかぎりでは、弟の言葉も態度もていねいで理性的だったと思うのですが、ポンポニアはみなの面前で怒鳴りだしました。「私が？　私はここではただのよそ

ルフス、きみはこのウサギにはちゃんと火が通っていないと言い、鞭を持ってこいと怒鳴る。ウサギを切り刻むより、料理人を切り刻むほうがいいというのかね。
　　　　　　　——マルティアリス『エピグラム』3・94

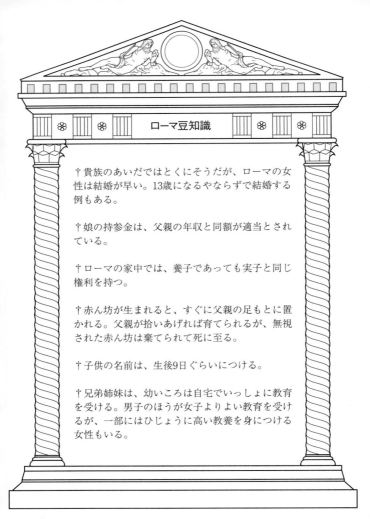

ローマ豆知識

†貴族のあいだではとくにそうだが、ローマの女性は結婚が早い。13歳になるやならずで結婚する例もある。

†娘の持参金は、父親の年収と同額が適当とされている。

†ローマの家中では、養子であっても実子と同じ権利を持つ。

†赤ん坊が生まれると、すぐに父親の足もとに置かれる。父親が拾いあげれば育てられるが、無視された赤ん坊は棄てられて死に至る。

†子供の名前は、生後9日ぐらいにつける。

†兄弟姉妹は、幼いころは自宅でいっしょに教育を受ける。男子のほうが女子よりよい教育を受けるが、一部にはひじょうに高い教養を身につける女性もいる。

者なのに」。これはおそらく、……この昼食会の手配を任されなかったからだろうと思います。……私たちはみな、彼女ぬきで昼食の席に横たわりました。クィントゥスが料理を持っていかせましたが、突っ返されてきました。ひとことで言うと、弟はこのうえなく理性的で我慢強く、あなたの妹さんはこのうえなくわがままだと思います。ほかにもありましたが、ここには書かないことにします。私は吐き気をもよおしましたが、弟は見て見ぬふりをしているようでしたから。

——キケロ『アッティクスへの手紙』5・1・3〜4

だれも驚かないと思うが、この不幸な夫婦はしまいに離婚している。しかしこのふたりもかつては、ローマの街角でときに見かける結婚式で、みなに祝福されたこともあったのだ。結婚式の客からは「*talasio*（タラシオ）」という伝統ある歓声があがり、花嫁は飾り帯を締めて凝った結びかたをし、サフラン色のベールをかぶっている。こういう場面では、独創的で極端に卑猥なジョークが飛び交うのがお約束だから、花嫁は赤面を隠すためにベールをかぶるのだろう（喜んでいるのを隠すためだったりして！）

通りかかった人が結婚式に飛び入りで加わるときは、こんな歌を歌ったりする。

> おまえ、奴隷の少年
> もとは主人のお気に入りの床の相手だったが
> いまでは寵愛を失っているんだ
> 木の実をべつの子にまわすんだね

第4章　出かける　　117

〔結婚式では、現代のお菓子の代わりに木の実がまかれる〕

その後のやかましいコーラスはこうだ。

　おお、結婚神(ヒュメン)、結婚神(ヒュメナエウス)よ！
　ヒュメン、ヒュメナエウスよ！〔ヒュメナエウスはヒュメンの異形〕

第5章
ショッピング

どこで買うか、両替、なにを買うか、按察官

こ の世界の都でも、ショッピングはやはり運任せになりがちだ。ローマには驚くほどさまざまな食品がそろっていて、しかもどこででも手に入る。同様に、特定のニーズに応える専門店もある。たとえばウングェンタリウス通りの香水店などだ。しかしそれ以外の商品は、たいてい専門の職人が作っていて、材料が職人の手もとにあったりなかったりするし、また職人が独自のスケジュールでしか仕事をしなかったりする。ワインなどは量り売りしていて、*caupona*（カウポナ、小さい店）でカップ1杯ぶん買うことも、大商店で船荷まるごと買うこともできるが、特定

> 私は野菜や小麦粉の値段を尋ねる。……日が沈むころに家に帰ると、そこにはリーキとひよこ豆と平たい丸パンの夕食が待っている。 ――ホラティウス『風刺詩』1・6

の種類や年代のものを探しているなら、入荷するまで待たなくてはならないかもしれない。商人はたいてい、しょっちゅう買ってくれるローマ人の得意客を抱えているから、よそ者には不利である。

どこで買うか

　50パーセントの利ざやをつけて売れるものを作らなくてはならない。だから、ティベリス河の向こうでしか許されない商品［なめしたてで悪臭のする皮革製品のこと］に顔をしかめたり、香水と革ではまったくちがうなどと思ったりするのはやめることだ。なにを扱っていようと、利益は甘いにおいがするものだ。　　　　　　　——ユウェナリス『風刺詩』14・200〜5

　ローマ人に買い物のことを尋ねたら、彼女は（ローマでは買い物をするのはたいてい女性なのだ）頭のなかですばやく9まで数えるだろう。最も種類が豊富で、しかも新鮮な食料品が買えるのは、たいてい *nundinae*（ヌンディナエ、文字どおりには「第9日」の意）、つまり9日おきに立つ市場だからだ（だからこう呼ばれているのである）。

　ローマ時代のイタリアでは、たいていこのヌンディナエが立つときでないと買い物はできない。大都市ローマでは毎日開いている市場もあるが、市場向け菜園農家やチーズ作りや羊飼いは、ローマから15マイル以上離れたところに住んでいたりするので、毎日売りに来ていたら農作業をする時間がなくなる。そうは言っても、なにしろ冷蔵庫のない世界のこととて、ローマの主婦はできるだけ新鮮な食品

を手に入れたい。そういうわけで、9日おきに売り手と買い手が集まるのはやはり好都合なのだ。

　ローマ近郊で育つ作物には大きな需要があり、あっというまに売り切れてしまう。また、市場向け菜園からはとてつもない利益があがるので、ローマの近くに住んでいる農家はそれに特化している。いっぽう遠くに住んでいる農民は、たいてい傷みにくい産品──保存加工した肉、ソーセージ、保存加工した果物、蜂蜜、チーズ、皮革や木材や羊毛の加工品など──を作っている。

　そんなわけで、ヌンディナエはいまもにぎわっている。農民たちは夜明け前にやって来て通りに露店を広げる。市を開く場所に指定された通りは、通行止めになって通常の往来はできなくなる（この慣習は、この後も2000年間ずっと続く。21世紀になっても、イタリアの町や都市ではいまも定期的におこなわれているのだ）。ヌンディナエでいつ買い物をするか、それを決めるには細かい計算が必要だ。人気の商品はすぐになくなってしまうが、その日の終わりまで待っていれば（市場は日の入りとともに終わる）、売れ残りの商品を持って帰りたくなくて、捨て値で売る農家が見つかるかもしれない。

　市の立つ日が来るまで8日も待てない人々のために、皇帝たちの指示でヌンディナエを補う常設市場が設置されている。しかもありがたいことに、そういう市場は雨風から守られた快適な中庭にある。このような市場は「macellum（マケッルム）」と呼ばれ、見てまわるのにぴったりの面白い場所である。

第5章　ショッピング

マケッルムの露店は、通りの市場の露店より経費がかかるので、そのため商品は高くなりがちだが、だからこそ品質もよいものが多い。重点的に売られているのはやはり食料品だ。ローマ人はふつう、収入の50パーセントほどを食品に使うから、食品の質と値段にはやかましい。値段と質の釣り合わない商品は大声で非難される。喜劇作家プラウトゥスはこんなふうにぼやいている。

> 魚屋たちは、駄馬に揺られて町にやって来て、とっくに売れ時を過ぎた魚を並べる。そのものすごい悪臭で、広間じゅうが空っぽになるほどだ。……肉屋は肉屋で、母羊から大事な赤ん坊を取りあげてきているくせに、注文どおりつぶしたばかりの仔羊肉だと言って、おとなの羊肉(マトン)を客につかませる。しかもそのマトンときたら！　決まって年寄りの雄羊の固い肉なんだからな。　　——プラウトゥス『捕虜』第4幕第2場

プラウトゥスはこう言っているが、マケッルムには肉屋が商品を加工したり生ごみを処分したりする専用の場所があるから、通りの市場よりはいくらか衛生的だ。だから、ヌンディナエで野菜やソーセージやチーズを買ったあとで、マケッルムに寄ってウサギを2羽、ツグミ数羽などと買っていく人も多い。ときには野生イノシシの上等のヒレ肉さ

人が生きるのに必要なものをすべて一か所に集め、専用の建物をそこに建てる。それが「macellum（マケッルム）」である。　　——ウァッロ『ラテン語論』5・147

食料品の露店。100万ほどの人口を抱えるローマには、新鮮な食料が大量に必要だ。パンが品薄になると暴動が待っている。クラウディウス帝ですら、供給が細ったときにはかびたパンの皮を投げつけられたほどだ。

え売っていることもある（猟師の多くは獲物を市場で売るのだ。もっとも、イノシシはローマで売るために農場でも飼っている）。魚はさらに手に入りにくい。ユウェナリスの書いていることは、20世紀あとに生きている人々にもびっくりするほどおなじみの話だ。

> 近くの海岸の周辺では獲りすぎで魚がいなくなったが、人間の貪欲は底なしだ。市場に商品を並べるために、漁網は近海の魚を根こそぎにしている。……完全に育ちきる魚など一匹もいないほどだ。　──ユウェナリス『風刺詩』5・93〜96

大規模なマケッルムと言えば、カエリウス丘の大市場（マケッルム・マグヌム）（後59年にネロ帝が開いた）と、エスクィリヌス丘近くのリウィアの市場（マケッルム・リウィアエ）のふたつがあげられる。しかし、おそらくローマで最高のショッピングを楽しめるのは、クィリナリス丘のトラヤヌス広場だろう。高くそびえる柱は、

第5章　ショッピング

トラヤヌス帝がダキア（のちのルーマニア）征服を記念して建てたものだが、これはまた後日見ることにして（第9章）、その柱のわきにあるギリシャ語とラテン語の図書館のあいだを抜け、低いアーチ道を首をすくめて歩いていこう。このアーチ道は、帝国行政の厳粛な世界と、騒々しい普段着の売り買いの世界とを分けてのびている。このふたつを隔てる壁が途方もなく頑丈で分厚いのに注意しよう。商業と行政との分離はたんなる建前ではない。いっぽうの側には、さっとあぶって出す食品や、あっというまに火のつく商品が大量に並ぶ市場があって、もういっぽうの側には、かけがえのない巻物やパピルスの詰まった図書館や裁判所がある。この壁は、市場がどんな災厄に見舞われても、それが反対側に及ぶのを防いでいるのだ。

　市場じたいも、この時代の建築家の腕を示す偉業だ。ローマは他の追随を許さぬ高度なコンクリート技術を持っているが、ここではそのコンクリートがレンガの裏に隠されている。トラヤヌスお抱えの建築家アポッロドロスは、コンクリートに小石を混ぜたもので壁の芯を作り、レンガをまんなかでふたつに割って、壁の表面仕上げのコストを節約している。その結果が5つの巨大な蜂蜜色のテラスであ

　フロルスにはなりたくない、居酒屋をうろついてまわり、料理屋でノミをどっさり拾ってくるなどまっぴらだ。
　——ハドリアヌス帝がかつての師フロルスに贈った詩〔「皇帝にはなりたくない、辺境をうろついてまわり、凍えて霜焼けを作ってくるなどまっぴらだ」という趣旨のフロルスの詩への「返歌」〕

り、それがクィリナリス丘の斜面を40メートルほども段々にのぼるさまは、まるで巨人の階段のようだ。

テラスにはそれぞれアーケードがあって、各アーケードに面して40以上の店舗が入っている。アーケードは比較的狭いうえに、怒鳴りながら無理に通ろうとする人でいっぱいだから歩きにくい。その人ごみは、まるで突き出したひじと角張った荷物の塊のようだ。店舗じたいはわりあい広々としていて、幅は4メートル近くあり、店舗の正面はその幅いっぱいに開かれている。

食堂や居酒屋もある。5段めのテラスには帝国の役所があって、市民に穀物を分配しているが、その穀物を持っていくと粉に挽いたり加工したりしてくれる店もある。そしてその他の店舗には、広大なローマ帝国のすみずみから、そしてさらにその向こうから運ばれてくる商品が並んでいるのだ。

両 替

信用状を換金するのでなく、自国のお金を持ってローマに来たのなら、真っ先に行くべきところは両替商だ（マケルムによっては、両替屋が中庭のまんなかで取引をしているのが見つかるだろう）。帝国造幣局の作った硬貨だけが法定貨幣になるが、それでも帝国じゅうどこでも通用するとはかぎらない。

両替商の露店には大きな作業台がひとつあるきりだ。この作業台——*banca*（バンカ）——が、のちにその職業全体の名前のもとになるのだ。両替商は、その硬貨が「ソー

スのかかった」（銅で作って、表面に薄く銀をかぶせること）ものでないか確認し、慎重に重さを計る。古い硬貨は、ふつうに使っていてもすり減って軽くなるものだが、「刈り込み」をやる不埒なやからもいるからだ。硬貨を手に入れるたびにふちを少し削って、それが溜まると貴金属の小さな鋳塊（インゴット）として売るのである。

なにを買うか

残念ながら、ローマの誇る硬貨も時代を追うごとに質が低下しているため、古い硬貨はプレミアムつきで取引される。以下に、基本的な硬貨の比較表をあげておく。

目安としてあげると、ローマの兵士の年俸は450デナリ〔デナリウスの複数形〕で、これにさまざまな褒賞や補助金やボーナスがつく。高級な地域にある一軒家を買おうとすると50万デナリかかる。また中級のワインは1パイント〔570ml〕が1セステルティウスくらい。人々がつねに気をつけているのは穀物の値段だ。ローマの平民の食事は大部分が穀物だから（ローマ人はふつう、1日に小麦のパンを2ポンド〔約1kg〕食べる）、これが値上がりすると不満がたまって暴動や社会不安が起こる。豊作のあとなら、5デナリで穀物が1 *modius*（モディウス）買えるだろう。1モディウスは2ガロン弱〔約9リットル〕だから、これでパンを焼くと20斤ぐらいになる。ローマのパン1斤はだいたい1ポンドだから、ちょうど10日ぶんというわけだ。

衣料品について言うと、ちゃんとした長靴は15デナリほどだが、おしゃれな女性用サンダルは1足20デナリもする。

☞基本的な硬貨の比較表

as（アス）――小さな青銅貨。気前のいい店主なら、ぶどうが6粒ぐらいは買えるかも。

dupondius（ドゥポンディウス）――真鍮貨。2アスに当たる。

sestertius（セステルティウス）――同じく真鍮貨で、物価の基準単位。HS と略されることが多い。2アス半に当たる。

denarius（デナリウス）――銀貨。基準通貨。4HS に当たる。

ウェスパシアヌス帝の1アス貨。
後71年ごろ

表側：公正な取引の女神アエケティア（刻印には「カエサル（皇帝）の公平さ」とある）

布はすべて手織りだから、衣類はどれも比較的高い。貴族の女性でも、羊毛を手に入れて自分で紡いで織って、節約に努めているほどだ。値段は気にせず最高の品が欲しいという向きには、1ポンドにつき10万デナリ以上出せば紫に染めた最高級の絹地が手に入る。ただ考えてもらいたいのは、それだけ出せば人間の奴隷が6人、ペットのライオンが1頭買えるということだ。

ローマでは、絹がどこで作られるのか知っている人はい

ない。この謎の布は、東方から――帝国の境界の向こう側から輸入されている。好奇心の強いマエス・ティティアノスというシリア人の商人が、絹の道を逆にたどって旅し、ナバテア〔いまのヨルダンのあたり〕とアラビアを抜け、さらにパルティアの先へと足をのばしたが、中央アジアの「石の都」（おそらくいまのウズベキスタン）まで来てとうとうあきらめた。しかし、ローマ人は中国のことは知っている。中国の記録には、皇帝アントゥン（アントニウス・ピウスかマルクス・アウレリウスだろう）の送った商人がやって来たと書かれているのだ。しかし、この二大帝国間では直接的な交易はおこなわれていなかった。

　スパイスや象牙は定期的に輸入されている。インドからはもちろんだが、名高いタプロバネ島（スリランカ）からも運ばれてくる。ハドリアヌス帝の時代から貿易使節団が来ているのだ。綿、真珠、象牙、シナモン、こしょう、乳香など、なんでも代価さえ払えば手に入る。もっとも、最高級品が欲しければトラヤヌス市場を出て、フォルム・ロマヌムに通じる聖なる道沿いの店に行こう。おそらく世界一高級な商店街だから、心して歩くこと。もっと手頃な値段のものや日用品が欲しいなら、サンダル街のような、ウィア・サクラのエスクィリヌス丘側を並行に走る他の通

　私からの贈り物できらびやかに着飾って、彼女が街を歩くように。コス島の女が金糸を織り込んだ、高級な絹の服を着て。どちらが彼女の気に入るか、アフリカの真紅の染料とテュロスの紫の染料を競わせよう。
　　　　　　――ティブッルス、2・3・51～53、57～8

りに行ってみよう。*Argiletum*（アルギレトゥム、フォルム・ロマヌムの北東にある地域）はとくに書籍が充実している。

ローマの商業活動の目玉と言えば、それは競売(オークション)だ。手放したい品物があるなら、指定の商業地区で露店を出すことはだれにでもできるが、専門の競売人に任せる人のほうが多い（もっとも、カリグラ帝はあるとき、みずから競売人を務めて資金を集めたことがある。当然というべきか、おびえた観衆はすばらしい値段をつけてくれた）。このようにして売り払われる家財道具には、奴隷が含まれることも少なくない。たいていの奴隷は一生のうちにほんの数回しか売りに出されることはないので、競売にかけられるのはかれらにとって神経のすり減る屈辱的な体験だ。

競売人はまず、その奴隷の能力を説明し、これまでどんなことをしてきたかを述べ、可能ならば前の所有者による絶賛の言葉を付け加える（もしくはでっちあげる）。能力の高い奴隷ほど高値がつく（大富豪のマルクス・クラッススは、その目的で奴隷をみずから訓練していた）。また*verna*（ウェルナ、奴隷の子として生まれた奴隷）も高く売れる。性的な目的で使われるのは当たり前のことだから、肉体的な美し

アルギレトゥムにおいでになる？……私の本はそこにありますよ。アトレクトゥス——てのが店主の名前なんですが——が最初の棚（まあ、2番めかもしれませんが）から出してきてくれるでしょう。マルティアリスが1巻、軽石でこすってなめらかにして紫で仕上げたやつ、5デナリでどうです、旦那。　　　　　——マルティアリス『エピグラム』1・117

☞ 重さ、長さ、時間の単位

1*pes*（ペス）＝1フィート＝12*uncia*（ウンキア）＝12インチ——ローマの1フィートは、現代のそれより約半インチ短い。

1*semis*（セミス）＝6ウンキア

1*dupondius*（ドゥポンディウス）＝2ペス

1*passus*（パッス）＝5ペス——文字どおりには2歩ぶんの長さをさす。歩くときにいっぽうの足が地面を離れた地点から、次の1歩で反対側の足をおろした地点までの長さのこと。

1*mille passus*（ミッレ・パッス）＝1マイル。より正確に言うと、いまの1618ヤード（約1480メートル）にあたる。

1*iugerum*（ユゲルム）＝1.246エーカー（約5000平米）——1ユゲルムは、おおよそ1日で耕せる土地の広さを表わす（さらに細分すると、1ウンキア＝12分の1ユゲルム、1*triens*（トリエンス）＝3分の1ユゲルム）。

体積の標準単位は*amphora*（アンポラ）、およそ25リットル。

1*libra*（リブラ）＝1ポンド（0.4536キログラム）。ポンドの記号が£なのはそのため。また中ほどに横線が入っているのは、ラテン語ではLで50を表わすので、それとの混同を避けるためである（天秤がリブラと呼ばれる（したがって天秤座のシンボルも）のはこのため）。

1ポンドの12分の1は1ウンキア。

ローマの昼はちょうど12時間に等分されている。しかし、日の出から日の入りまでを12時間とするので、夏には昼の1時間が平均より30分も長くなることがあり、そのぶん夜の1時間が

短くなる。冬はそれが逆になるわけだ。ローマ人は時間を太陽で計ったり、ろうそくや水時計（小型の持ち運べる日時計もあった）で計ったりするので、1時間の長さは各人の見かたによって変わってくる。「ふたりの哲学者の意見が一致するより、ふたつの時計が一致するほうが珍しい」とセネカは言っている。ローマ人は、時間を分に分ける気はないようだ……

さも大きく値段を左右する。最も安いのは占領地で捕らえられた「野蛮人」だ。ほぼ野良仕事にしか使えないからである。共和政時代、センプロニウス・グラックスがサルディニアで無数の奴隷を捕らえてきたため、ローマではいまも「サルディニア人奴隷」と言えば「安物」を意味するほどだ。

按察官（アエディリス）

ローマの市場は厳しく規制されているが、これは驚くようなことではない。ローマの群衆はあっというまに暴徒化するし、人は多すぎるし火事は起こりやすいしで危険が大きいからだ。市場では、買い手も売り手も、*ius commercii*（ユス・コンメルキイ）という権利を持っていな

飾り石の杯、少年たち、優美なシトロン材の家具を目にするたびに、エロスは涙をこぼしそうになる。……できるものならそっくり持って帰りたいと思う。そしてそう思うのはみな同じだ。平然とした顔で彼の涙を笑う者も、胸のうちでは涙を流しているのだ。
　　　　　　　　——マルティアリス『エピグラム』10・80

第5章　ショッピング

くてはならない。ローマ市民や同盟市民が持つ、ローマでものを売買する権利のことだ。商人が売り物に対して法的な権利を持っているか、重さや長さがこっそりごまかされていないかをチェックするのは、アエディリスという公職者とその下の役人たちの仕事だ。ローマでは、市場を通じてものを買うことが奨励されているが、これは市場の売買は適切に規制されている（そして課税されている）からだ。ギリシャでの見聞を書いた文章で、市場の役人と出会ったときのことをアプレイウスは次のように語っている。

　市場を出ようとしていると、アテナイの古い知り合いにばったり出くわした。……どうして役人の服を着て、杖を持った従僕を引き連れているのかと尋ねると……彼は言った。「いま市場の役人をやってるんですよ。夕食の材料に欲しいものがあれば、手に入るようにしてあげますよ」

あまり評判のよくない娘だった
裏街でよく見かけるたぐいの。
競売人が競りにかけたが
なかなかよい値がつかず、流れそうに見えた
そこで、この娘がきれいな身体で
食べてしまいたいほど可愛いことを見せようと
いやがるふりをする娘を抱き寄せて
競売人はその唇に3度、4度とキスをした
これで言いたいことはじゅうぶんに伝わったというわけだ
このキスがどんな役に立ったかって？
一番高値をつけていた男が、それを見て入札を引っ込めたとさ。　　　　　——マルティアリス『エピグラム』6・66

私は心から礼を言ったが、もう魚を買ったからと断わった。しかし、魚を入れたかごを目にしたピティアスは、それを振ってみて、この雑魚にいくら払ったのかと尋ねた。魚屋で20セステルティウスに値切ったと答えると、彼は私を引きずるようにして市場のなかへ連れ戻しし、どの魚屋かと尋ねる。隅に腰をおろしている老人を指さしたら、ピティアスは市場の役人として、その老人を厳しく叱りつけた。
「これがよそ者に対するおまえの態度か、よそ者と言っても私の友人だがな。この値段で魚を売るとはどういうことだ、これ全部で1アスがいいところだろう。……このぼったくり野郎め、私の役目は知ってるだろう。規則違反はどんな罰を受けるかもわかってるな」
　彼は私のかごをとって魚を地面にぶちまけ、踏みつけにしろと見物人のひとりに命じた。それがすむと、彼は私に帰ってよいと言って、これだけ恥をかかせればこの小悪党にはじゅうぶんだと言った。私はいささかぼうぜんとして（ついでに夕食の材料をなくして）市場をあとにした。
　　　　　　　　――アプレイウス『黄金のロバ』1・24〜5

　定期市のほかに縁日もある。縁日は、ローマで競技会や宗教的な祭がおこなわれるとき、つまり近隣の住民がおおぜいローマ市にやって来るときに開かれることが多い。縁日にはたいていテーマがあって、家畜商や奴隷商など、テーマに沿った専門の商人が集まってくる。たとえば、サトゥルナリア祭という冬至の祭のためにローマに行くなら、この祭では贈り物をやりとりするのが習わしなのを忘れて

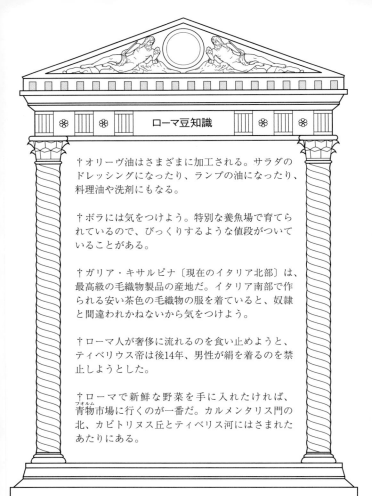

ローマ豆知識

†オリーヴ油はさまざまに加工される。サラダのドレッシングになったり、ランプの油になったり、料理油や洗剤にもなる。

†ボラには気をつけよう。特別な養魚場で育てられているので、びっくりするような値段がついていることがある。

†ガリア・キサルピナ〔現在のイタリア北部〕は、最高級の毛織物製品の産地だ。イタリア南部で作られる安い茶色の毛織物の服を着ていると、奴隷と間違われかねないから気をつけよう。

†ローマ人が奢侈に流れるのを食い止めようと、ティベリウス帝は後14年、男性が絹を着るのを禁止しようとした。

†ローマで新鮮な野菜を手に入れたければ、青物市場(フォルム)に行くのが一番だ。カルメンタリス門の北、カピトリヌス丘とティベリス河にはさまれたあたりにある。

はいけない。そういうわけで、12月なかばにはカンプス・マルティウスで小像(シギッラタ)の縁日が開かれて、本や皿や小像など、贈り物に適したものが売られることになる。著述家のマクロビウスによると、「サトゥルナリア前だけでかなりの売上があり、それが数日間ずっと続く」そうだ。

第6章
法と秩序

近衛軍、首都駐留軍、夜警隊、
犯罪、裁判所、牢獄、刑罰

ローマには警察がないが、これは古代都市ではとくに珍しいことではない。その意味するところは、「法と秩序」は政府の仕事、「犯罪防止」は共同体(コミュニティ)の仕事、というはっきりした線引きがあるということだ。この体制がうまくまわっているのは、よそ者の目にはごちゃごちゃと無秩序に人が群れているように見えても、ローマはそのじつ、緊密なコミュニティのモザイクのようなものだからである。それぞれのコミュニティ内部では、だれがなにをしているかみんなが知っているのだ。またひじょうに厳しい刑罰によって、犯罪者は切り捨てられる —— 文字どおりに —— からでもある。

近衛軍

ローマの法と秩序の話をするなら、まずは近衛軍〔プラエトリアニ〕を取り上げなくてはならない。ローマ人ならだれでも知っているとおり、ローマをもっと法の行き届いた秩序ある都にしたければ、このくそいまいましい軍をきっちり整列させ、一大隊ずつ行進させてひとり残らずティベリス河に入水させるのがいちばんだ。

　近衛軍で高く賞賛される記章はサソリの記章である。というのも、近衛軍を現在の形に組織したのはティベリウス帝〔在位14〜37〕で、ティベリウス帝は蠍座だったからだ（ローマ人は星座を大いに気にするのである）。近衛軍の任務は皇帝を守ることであり、今日でも、皇帝がローマ軍を率いて敵と戦うときは、皇帝のそばには *cohors praetoria*（コホルス・プラエトリア、近衛大隊）がつき従っている。ふつうの軍団兵に言わせれば、近衛軍は特権まみれの見かけ倒しの部隊であり、一般兵士より高い給与、特別な恩典を与えられる資格などかけらもない。

> 　近衛兵は1日2デナリもらって16年で除隊になるが、やつらがおれたちより危険な目にあっているというのか。ローマでただの歩哨をやっているだけじゃないか。おれたちはここで蛮族に囲まれているんだ。天幕から敵の姿が見えるような場所なんだぞ。
>
> 　　　——タキトゥス『年代記』1・17、反逆の歩兵の熱弁

第6章　法と秩序

しかもこれは、近衛軍がまだ精鋭部隊という評判を保っていたころの話だ。それが堕落しはじめたのは後41年、近衛軍がクラウディウスを皇帝にすると決めたときだった。元老院には、それを阻止するすべがなかった。ローマ周辺には近衛軍以上の規模の部隊は存在しないので、皇帝は身辺警護を近衛軍に頼ることになる。しかし、ローマ人が言うように、*quis custodiet ipsos custodes?*（「見張りをだれが見張るのか」）、である。近衛軍が真に忠誠を誓っている相手は、つねに変わらず給料袋だ。歴代の皇帝は何世紀も前から、俸給をどんどん引きあげることでその忠誠を確保してきた。新皇帝が即位して真っ先にやることは、近衛軍に祝儀（ドナティウム）と称して多額の特別手当を与えることなのである。

　つい最近のことだが、近衛軍は自軍はもちろんローマの顔にも泥を塗った。後193年、ドナティウムの額が少ないという理由でペルティナクス帝を殺し、その首を槍先につけて兵舎に持って戻ったのだ。そしてその後、こともあろうに皇帝の座を競りにかけた。最高値をつけて競り落としたのは、ディディウス・ユリアヌスという元老院議員だった。これがもとで、セプティミウス・セウェルス帝は近衛軍を正式に解体したものの、その後に皇帝自身の護衛隊として軍を集めたので、名前はともかくまた近衛軍を作った

　カンパニアの湖を帆船で渡るのに慣れた者、するするとギリシャ諸都市へ渡るのに慣れた者にとっては、つらい行軍も軍の規律も等しく不愉快だ。
　——タキトゥス『同時代史』1・23、ガルバ帝と近衛軍との対立

のと変わらなかった。たんに、駐留場所がローマから少し遠くなっただけだ。

　一般民衆は、傲慢で乱暴な近衛兵を忌み嫌っている。

　　兵士になればなにもかもうまく行く。それも、濡れ手に粟の近衛軍に入ることだ。……気の毒な市民はさんざんにぶちのめされても、相手が近衛兵なら恐ろしくて裁判所に訴え出ることもできない。折られた歯、紫色に腫れあがった顔、治るかどうかわからない傷ついた眼球を役人に見せることもできないのだ。　──ユウェナリス『風刺詩』16・1〜2、8〜12

ローマ豆知識

†近衛軍（プラエトリアニ）の名は、戦役のさいにローマの将軍（プラエトリウム）の天幕を護衛したことに由来する。

†近衛兵の正式な具足は、何百年も前の共和政時代にさかのぼる。

†ローマ市内では、皇帝のそば近くに仕える近衛兵はトガを着る。

そろそろわかってきたと思うが、近衛兵に出くわしたら、疫病神に会ったなどと思ってはいけない。そんな生やさしいものではないからだ。

首都駐留軍

近衛軍と同じ軍営に駐屯しているが、首都駐留軍(コホルテス・ウルバナエ)は給料は半分、人気は2倍である。先ごろ、統治の不手際にたまりかねてローマ市民が抗議の声をあげたとき、半狂人のコンモドゥス帝は騎兵隊を送って攻撃させたが、それを撃退してくれたのが首都駐留軍だった〔後190年〕。

首都駐留軍を指揮するのは首都長官(プラエフェクトゥス・ウルビ)だが、これは高位の元老院議員が務める。嘆かわしいことに、この首都長官の能力にはひじょうにばらつきが大きい。そしてそれは、初代指揮官ヴァレリウス・コルウィヌス以来ずっとそうだった。この人物は前13年に職を辞するさいに、自分がなにをすることになっていたのかさっぱりわからなかった、とあっけらかんと認めている。

首都駐留軍の任務は、公共の秩序を保つことだ。戦車競走の日に興奮した群衆があばれだしたり、火事のあとに略奪が始まったりすると、すかさず首都駐留軍が乗り出してくる（ただ、略奪を始めたのが近衛軍だった場合は話がべつだ。過去にそういう例もあった）。首都駐留軍が出てきたら、こちらは引っ込むのが賢明というものだ。というのも、暴動に加わる者はみな暴徒であり、暴徒が秩序を乱すのを防ぐには気絶させるか殺すかだ、というのが首都駐留軍の基本

的なポリシーだからである。

夜警隊

夜（ウイギレス）警隊には、首都駐留軍の夜間版みたいなところがある。夜のほうが昼より静かになるから、夜警隊員は鋭利な刃物よりもこん棒を好んで持つ。首都駐留軍とちがって、夜警隊は市周辺の小さな兵舎に駐屯しているので、酒宴で酔っぱらった集団が帰り道にあばれだしたり、夜に紛れて殺し屋がうろついていると通報があったりしたら、すばやく対応することができる。

夜間に不埒なことをしてつかまると、留置場に放り込まれて、翌朝夜警隊の指揮官の前に引き出されるかもしれない。夜警隊の指揮官は、司法官の役目もかねているからだ。

ローマ人に大いに感謝されているものの、社会の平和を守るのは夜警隊にとっては副業で、本業は消火活動だ。しかしこの本業に対しては、ローマ市民の評価には煮えきらないものがある。ローマの建物はおおむね燃えやすいので、従来のバケツリレーではちょっとしたぼやにしか効果がないから、夜警隊はめったにそんなことはしない。ではなにをするかと言うと、火事がどれぐらいのスピードで燃え広がるかをとっさに判断し、類焼を阻止するために火の手の方向にある建物を取り壊すのだ。かれらは高度な訓練を受けた専門家であり、屋根をはがし、壁を倒し、瓦礫から可燃物を取り除くという作業を電光石火にやってのける。

街のどのあたりを破壊するのが一番かという点で、建物の所有者と夜警隊の意見が一致することはまずない。その

ため、立派な公共奉仕をしているわりに、この面ではなかなか感謝されにくいのである。

犯　罪

ローマでは、社会の秩序を守るのは政府の仕事だが、犯罪と闘うという仕事は一般市民に任されている。つまり当事者とその隣人、そして市内の全住民ということだ。

ローマの住民ならみな、次ページ下部にあげるような掲示はおなじみだ。ローマ市には警察制度がまったくないと

ローマ豆知識

†夜警隊の隊員は解放奴隷で、奴隷の販売にかかる4パーセントの税金から給料を支払われている。

†夜警隊は、ぼやを消し止めるために高度なポンプを持っている。また、本格的な火事のさいには類焼防止に建物を破壊するので、そのための投石砲も備えている。

聞くと驚くかもしれないが、市民はみな自分なりに近隣監視の役割を果たしているし、あやしいやつを見つけたら手っとり早く処理してしまう。ローマではどこでも社会の目が光っているから、どんなにこっそりやっても犯罪が見過ごされることはめったにない。不正に利益を得れば申し開きをしなくてはならない。なにしろ、泥棒にあった被害者は大声で被害を言い立てるし、情報提供者に多額の謝礼を提供することも珍しくないからだ。被害者が自分で簡単な調査をして、犯人を突き止めることもひじょうに多い。そうなったら、あとはパトロヌスとクリエンスの制度が片をつけてくれる。

この制度がどう働くか見るために、ここでひとりの旅人を想定してみよう。彼はガリア産毛織物の上等なマントを着てローマにやって来たが、暑かったので居酒屋で脱いだところ、ちょっと目をはなしたすきに盗まれた。警察を呼ぼうにも警察はない。居酒屋の主人は、彼がよそ者なのをよいことに、店にはなんの関わりもないことだと言い張って譲らない。マントを取り返す当てもなく、旅人は腹を立てて宿泊先に戻る。

旅人の泊まっている家の当主は、マントが盗まれたことよりも、自分の客人が不当な扱いを受けたことに胸を痛める。そこで友人に連絡する。この友人は、居酒屋の主人の

この店から銅のなべが持ち去られました。取り返してくれたかたには65セステルティウス、どこにあるか教えてくれたかたには25セステルティウス進呈。　　　——*CIL*4・64

保護者(パトロヌス)の友人でもあるのだ。また按察官(アエデイリス)に訴えると言ったりもする。適切に運営されていない酒場を閉鎖する権限を持っているからだ。こうして圧力をかけられて、居酒屋の主人はついに口を割る。常連に手癖の悪い男──ランプ作りの通りに住むルキウスという男──がいるのだが、プピナという女給が耳にした話では、その男が上等な服を見せびらかしているという。

　そこで当主は自家の執事と簡単に打ち合わせをし、執事は家中の屈強な奴隷5人に指示を出す。5人は出かけていき、しばらくするとマントを持って帰ってくる。ルキウスとやらが無実だったら気の毒だと少なからず気に病んで、旅人はそのマントをしさいに調べ、特徴的な模様が入っているのを確認して自分のものだと宣言する。いっぽう不運なルキウスが、偶然にもまったく同じマントを合法的に所有していた場合には、いまこそ怒りをこめて自分のパトロヌスに訴え出るだろう。するとパトロヌスはあちこちに使者を送り、文明的な手段で問題を解決しようとする。すべてが失敗に終わると、そこで初めて裁判に訴えるという話になるのだ。

裁判所

無料で楽しめる見世物として、その道の目利きに大いに喜ばれているのが、人を裁判に引きずり出すことだ。ローマでは法の執行は自力救済に任されているから、日時の予約を入れたら、被告がちゃんと法廷に出てくるようにするのは原告の責任である。当然のことながら、分が

悪ければ悪いほど、被告は法廷に出てこようとしなくなる。

　圧力をかけるために、原告はその手の専門家を雇って、被告の家の窓の下とか、玄関口の外の通りとかに座り込ませる。そういう「専門家」は、独創的な侮辱の言葉や呪いの言葉を吐いて通りすがりの人々を喜ばせたり、被害者の無念を言い立てたりするわけだ。目当ての相手が外へ出てこようものなら、通りをどこまでもつけまわして、この人物がいかに悪党であるかを吹聴し、しかも裁判官の前に出て申し開きをしようともしない、なんと卑怯な、と周囲の人みんなに大声で言って聞かせる。本気度の高い原告になると、こういう「侮辱屋」を交替制で張りつかせるので、やかましくて眠れない近所の人たちからも、またべつの圧力が加わるという寸法だ。

　ローマ人にとって、個人的な評判（*dignitas*、ディグニタス）は途方もなく重要なものだから、こんな仕打ちを長いこと耐えられる市民はめったにいない。いつまでも裁判所に出頭せずにいると、それだけまわりの人から有罪だと見なされ、そういう扱いを受けるようになるからなおさらである。

　ローマの民事訴訟制度は、乱暴ながらも一種スマートにできている。裁判は二部に分かれている。第一部では、原告と被告が役人——ふつうは法務官だが、小さな問題や商取引関係の裁判では按察官のこともある——の前に姿を現わす。プラエトルは忙しいので、訴えを自分では聞かない。彼の仕事は、訴えが「存在する」ことを認め、両者が *sui iuris*（スイ・ユリス）である、すなわちローマ法の下にあ

第6章　法と秩序

lictor(リクトル)——公職者の従僕のこと。公職者が出歩くときにその前を歩いて、行く手の有象無象を追い払う役目を果たす。手に持っているのは *fasces*(ファスケス、棍棒および(ローマ市の外では)斧)と言って、公職者の懲罰権の象徴だ。

ると確認することだ。ローマを訪れた旅行者など、そうでない場合もあるからだ(奴隷の子や精神病者も)。先の例で、旅人を泊めた家の当主が、手癖の悪いルキウスと自分との問題として扱ったのはひとつにはこのためだ。

　プラエトルは、裁判官役をこなせそうな地元の名士の名簿をチェックし、全員の同意する人物を指名する。あるいは少なくとも、その人はいやだというまっとうな理由を、訴訟当事者があげることのできない人物を指名する。

　プラエトルは次に、この裁判の目的はなにで、裁判官はなにを明らかにすればよいのかという「公式」を明らかにする。先の例では、公式は次のようになる。

「原告[ルキウス]が問題のマントは自分のものであり、それを不当に奪われたと証明できたならば、被告[旅人を泊めた当主]はマントを返還して損害を賠償しなくてはならない。被告が問題のマントは原告[ルキウス]に盗まれたものだと証明できたならば、原告は窃盗で告発される」

プラエトルは、裁判の日を3日後に設定する。あいだに公休日や宗教的な祭がはさまればべつだが、一部と二部のあいだは3日あけるのがふつうなのだ。まずまちがいなく、ルキウスは実際の裁判の前に訴えを取り下げるだろう。第一に、原告として自分の主張の正しさを証明するのは彼自身の役目である。第二に、当主のほうは最悪でも誤解に基づいて行動していたことがわかるだけで、民事犯として有罪になってもたんに罰金を払えばすむ（マントを取り返すときに、彼の奴隷たちがルキウスに重傷を負わせていたとしてもこれは同じだ。ローマは荒っぽい都市なのだ）。しかし、ルキウスがマントを盗んだことが証明されたら、これは刑事犯だから、鞭で打たれたり、奴隷に売られたり、鉱山送りにされたりする（そのうえ罰金もとられる）からである。

　ルキウスの運命はしかし、もうひとつの裁判所で決まることになるだろう。刑事事件は陪審裁判に送られるが、こちらは民事裁判よりはるかに厳しく裁かれる。また忘れてならないのは、原告・被告双方がプラエトルの前にいったん出頭したら、両者がともに訴えを取り下げないかぎり、その問題にはかならず判決が言い渡されるということだ。納得できる理由もなくどちらかがその後に欠席したら（実際には、死亡した、あるいは死にかけているという以外の理由は認められない）、ちゃんと出席したほうに有利な判決が下るのがふつうである。

　裁判も処罰も公開であるべき、というのがローマの司法の基本原則だ（ただし公序良俗の観点から、女性は垂れ幕のかげで処刑されるのがふつう）。そのため、ときに円形演技

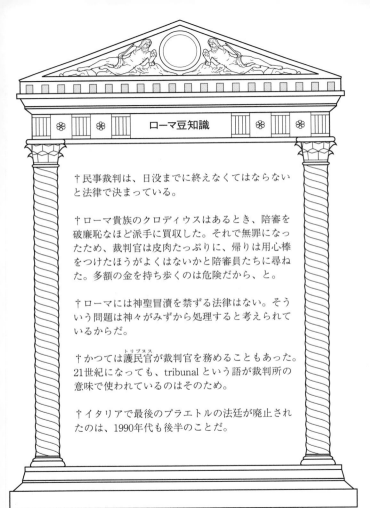

ローマ豆知識

†民事裁判は、日没までに終えなくてはならないと法律で決まっている。

†ローマ貴族のクロディウスはあるとき、陪審を破廉恥なほど派手に買収した。それで無罪になったため、裁判官は皮肉たっぷりに、帰りは用心棒をつけたほうがよくはないかと陪審員たちに尋ねた。多額の金を持ち歩くのは危険だから、と。

†ローマには神聖冒瀆を禁ずる法律はない。そういう問題は神々がみずから処理すると考えられているからだ。

†かつては護民官(トリブヌス)が裁判官を務めることもあった。21世紀になっても、tribunal という語が裁判所の意味で使われているのはそのため。

†イタリアで最後のプラエトルの法廷が廃止されたのは、1990年代も後半のことだ。

場で目を覆う凄惨な場面がくりひろげられることになるが、これはまた、ローマの広場に行けば公職者が陪審の前で訴えを聞く姿が見られる、ということでもある。ローマは軍事独裁国家かもしれないが、法のもとでの市民の権利はおおむね尊重されており、公開裁判ほどそれがはっきり現われる場所はない。もちろんローマ人はローマ人だから、厳しい法律尊重主義は大言壮語やパフォーマンスに彩られている。だれしも見た憶えがあるだろうが、告発された将軍の弁護士は、依頼人の肩から芝居がかってトガをはぎ取り、数々の戦傷のあとを人々に見せ、そこで後ろを向かせて、背中にはただのひとつも傷跡がないことを示す。被告やその家族もまた、人々の同情を買おうとパフォーマンスに走る。女性は喪服を、男性は黒いトガをまとい、ひげもそらずに現われて自分の苦境を強調するのだ。

牢　獄

悪事を働いてつかまったら、こう聞くとほっとするかもしれないが、ローマではふつう牢獄を懲罰のために使うことはない（しかし、その代わりになにが待っているか知ったら、ほっとするのは早かったと思うだろう）。いくらローマが古代の基準で言えば豊かだとは言っても、多数の市民を社会から隔離して、むだ飯を食わせるほどの財政的

金銭のみがものを言い、貧者には勝つ見込みがまるでないとしたら、法律がなんの役に立つのか。
　　　　　　　　——ペトロニウス『サテュリコン』第14

余裕はない。だから牢獄はふつう、釈放するか罰金を払わせるか、あるいはもっとひどい目にあわせるかが決まるまで、人を留め置くために使われている。貴族になると、そのあいだすらも監獄に放り込まれることはない。同輩の家に預けられ、皇帝が判断を下すまで丁重に保護されるのだ。

借金を返さない債務者が、なんとか金を搾りとってやろうという債権者によって監禁されることはあるが、これは私的な監禁でしかない。帝政ローマはその市民に対して「自由を与えられなければ死を与えよ」という方針をとっている。したがって、ローマ市には牢獄と呼べるような牢獄はひとつしかない。これは市のどまんなか、フォルムを見晴らす場所にあり、近くには復讐者マルス（マルス・ウルトル）神殿がある。じめじめして陰気な監獄だが、歴史的意義からして訪れる価値はある。もっとも、囚人として行くより観光客として行くほうがはるかによいのは言うまでもない。

この牢獄は、ふつうただ carcer（カルケル、英語で「投獄する」を意味する「incarcerate」はこれに由来する）と呼ばれ、ふたつの部分に分かれている。上の監房はだいたい四辺形をしている。そこには後21年に修復されたと刻まれているが、冷え冷えとして陰気で悪臭のする場所であること

牢獄は……ローマ市のどまんなか、フォルムを見おろす場所にある。　　　　　　——リウィウス『ローマの歴史』1・33

荒廃と湿気と悪臭のすさまじさに震えが走る。
——サッルスティウス『カティリナ戦記』55より、トゥッリアヌムについて

に変わりはない。それでも、その下の房にくらべればはるかにましである。下の房はもとは貯水槽として使われていた部屋で、〈Tullianum（トゥッリアヌム）〉と呼ばれている（Tullianum は *Tullius*（トゥッリウス）の形容詞形であり、トゥッリウスは泉を意味する古い名称だ。しかし、キリスト教徒はこれと矛盾する話を伝えている。すなわち、聖ペトロというキリスト教徒の指導者のひとりがここに投獄され、牢番に洗礼をほどこすために泉を湧き出させたというのだ）。

　トゥッリアヌムは円錐形の窓のない部屋で、粗削りのトゥファ〔多孔質の石灰石〕でできている。唯一の出入り口は、上階の部屋の床にあいた穴だけだ。囚人はこの穴からここに放り込まれて、ときには餓死して朽ち果てるまで放置されることもある。

　ローマを裏切ったヌミディア王ユグルタは前104年、この牢獄に放り込まれたが、そのさい番兵に向かって最初に言ったのが、ここは寒いということだった。

　数世紀後にはこの牢獄は教会堂になるのだが、聖ペトロがほんとうにここでローマふうのもてなしを受けたという確たる証拠はない。しかし、カティリナ事件〔前63年〕に連座した人々が、キケロの命令で絞首刑に処せられる前に、この壁のうちに監禁されていたのは確実だ。また、ガリア人の血が流れている人なら、ここはぜひとも訪れておきたい。古代で最も有名なガリア人と言えばウェルキンゲトリクスだが、彼はここで最期を迎えているのである。ウェルキンゲトリクスは、ガリア人のほとんどを結束させて、勇敢にもユリウス・カエサルに挑んだ人物だ。敗北して捕ら

えられ、最後に人前に姿を現わしたのは、凱旋式のときだった。ローマの伝統にのっとり、フォルムじゅうを引きまわされたのち、トゥッリアヌムに戻されて絞首刑にされたのである。いっぽうのカエサルは、そのとき数百メートル先のカピトリヌス丘にいて、盛大な祝宴を楽しんでいるまっさいちゅうだった。

刑　罰

ローマでは、刑罰はふたつの条件によって決まる。犯罪者のやったこと、そして身分である。犯罪はだいたいにおいて罰金で罰せられる。細かい一覧表が作ってあって、どんな負傷をさせたらいくら補償すればいいか決まっているのだ。ローマの公職者にはリクトルと呼ばれる従僕がついているが、このリクトルの持ち歩く *fasces*（ファスケス）は棒を数本束ねたもので、公職者が市民に体罰を与える権限を持っていることを象徴している（ただし共和政後期以降、公職者が市民を打つのは許されなくなった）。ローマ市の外では、ファスケスには斧も取り付けられる。これは、市民権を持たない属州民に対して、公職者が生殺与奪の権を持つことを示している。

ローマ市民は、死刑を宣告されたら皇帝に控訴することができる。この権利を行使した人と言えば聖パウロが有名だ。これはローマ市民の数々の特典のひとつで、流刑とそれにともなう市民権の喪失が大いに恐れられたのはそのためだ。厳密に言うと、流刑は刑罰ではなく、刑罰からの逃亡である。ローマに残ってもいっこうにかまわない、とい

うより、地位の低い者はローマから逃げることが許されない。逃げずにすむかわりに死刑にされるというわけだ。貴族は首を刎ねられるが、一般市民はふつう絞首刑にされる。奴隷および非市民は、鞭打ちや火あぶりのほか、野獣に食わせるとか、十字架にかけるとか、思いつくかぎりのさまざまな方法で処分される。

　もう少し軽い刑罰もある。*infamia*（インファミア、不名誉の意）と言って、「この市民はどうしようもないくずなので、ローマにとどまることは許されているものの、投票する権利、借金をする権利、公的な集まりで発言する権利は剝奪された」と公的な記録に書かれることだ。

　奴隷は、その所有者が好き勝手に罰してよいことになっているが、法のもとでの権利は少しずつ増えてきている──もっとも、極貧人の権利は逆に減ってきているが。

夜間に神殿に押し入って損害を与えたり盗みを働いた者は、ライオンの前に投げ込まれる。日中に神殿から盗んだ者は鉱山送りにされる。　　　　　──パウルス『意見集』5・19

「あなたは有罪と決まった」と言われて
「国外追放か、死刑か、どちらかね」彼は尋ねる。
「国外追放だ」
「私の財産は？」
「没収されない」
「では行こうか、諸君。夕食はアリキアでとるしかなさそうだ」
　──エピクテトス『語録』1・1より、ストア派の学者アグリッピヌスの言葉

第6章　法と秩序

かつては、盗みで有罪になった者は盗んだ相手の奴隷にされたが、近ごろでは鉱山に送られるのが一般的だ。あるいは、その泥棒が強暴なら円形演技場送りになる。ここに見えるのが、ローマのもうひとつの興味深い側面——すなわち娯楽としての正義だ。

第7章
楽しむ
コロッセウム、大競技場(キルクス・マクシムス)、劇場、売春と売春宿

　ローマの文化の基本は「パンと見世物」と言われるぐらいだから、予想はつくと思うが、ローマ人にとって遊びは重大事だ。舗道に線を引いて遊ぶボードゲームから、莫大な費用をかけた円形演技場の派手な見世物まで、さまざまなレベルの娯楽がそろっている。しかし、ローマ人の言う「楽しみ」はひじょうに幅が広くて、後代はもちろん同時代であっても、他の多くの文化圏から見るとぞっとするものも少なくない。なにしろ丸腰の囚人を虐殺するとか、14歳の少女に売春を強制することまで娯楽とされているのだ。

コロッセウム

　ローマ滞在中に闘技を見物に行くかどうかは、個人的な倫理観の問題だ。剣闘士の見世物を、野蛮で残酷

で非道だと思う人はけっして少なくない。ある特定の「闘技」を見物に行くのは、ローマ人全体から見るとごく一部なのだ。入場券が手に入らないからという人も多いが、たんに行きたくないから行かない人もいる。ネロ帝の相談役だった哲学者のセネカはこう書いている(『書簡集』7・3)。

　　私はたまたま真昼の見世物[闘技のあいまの]を見ることになり、才気や面白みの感じられるもの、流血を見飽きた目を休められるものを探しました。しかし、それは完全な誤りでした。これに比べれば、それまでの戦闘がみな慈悲深く見えるほどです。陽気さは消え失せ、目の前にくりひろげられるのは無惨な殺戮ばかりでした。

とはいえ、闘技場がどんなにおぞましいと言っても、ローマではその惨劇が堂々と見世物にされているのだ。こんな例は人類史上(かりにあるとしても)きわめてまれだ。だが、その見世物に人を惹きつける面があるのもまちがいない。アウグスティヌスの『告白』(6・8)には、闘技場に近づこうとしなかったアリュピウスという友人の話が出てくる。

　　(アリュピウスは)そのような見世物を完全に避け、嫌っていた。しかしある日、知人や仲間の学生たちが晩餐会から帰ってくるのに出くわし、いやがって抵抗したにもかかわらず、円形演技場にむりやり引きずっていかれた。例によって、そ

こでは残酷な流血の見世物が披露されていた。……倒れた男が身体を刺し貫かれるのを見たとき、彼自身のほうが魂にははるかに無惨な傷を受けていたのだ。……血を目にしたとたん、彼はその残忍さに酔っていた。目をそむけることができず、まともに見つめつづけた。……罪深い殺戮にわれを忘れて歓喜し、血みどろの娯楽に陶酔していた。

近ごろでは、ローマの神々は人身御供を求めないので、剣闘士の試合は祭祀の一環としておこなわれているわけではない。じつを言うと、観光客が確実に剣闘士の試合を見られる機会は、年間通じて10回をやや超えるほどしかない。そんな機会のひとつが、真冬におこなわれるサトゥルナリア祭だ。サトゥルヌスは冥界の神であり、剣闘士の試合は

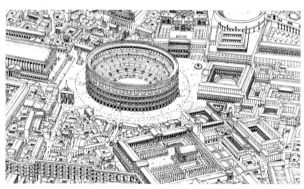

後350年のコロッセウム。ハドリアヌス帝の建てたウェヌスとローマ神殿〔コロッセウムの左にある列柱の建物〕、ネロの建てた巨像（コロッスス）に注目。コロッセウムの名はこの巨像にちなむ。

munus（ムヌス）、すなわち死者の魂への供物だからである。

触れ役が試合の開催を発表すると、すぐに告示のまわりに小さな人だかりができ、その場でいちばん字の読める者が試合の予定を説明する。ある著述家は「試合の前には、自宅でも居酒屋でも、ほかの話をする者がどこにいようか」と書いている。公的には好ましくないとされているものの、剣闘士の試合では賭博が盛んにおこなわれている。ひとつの階級としては、剣闘士は奴隷か犯罪者として嫌われているが（副業として、用心棒や借金の取立や人殺しをやっているし）、最強の剣闘士には一種の粗野な魅力があって、絶大な人気を誇っている。

結婚式では伝統的に、花婿が花嫁の髪を槍で分ける儀式がおこなわれるが、ちゃんとした男女の結婚式でも、死んだ剣闘士の血で汚れたことのある槍を使えば、その儀式はとくべつ強力になると信じられている。ユウェナリスは、血筋のよい妻の逃げた理由をこう書いている。

> いったいどこがよくて、エッピアはあんな男のとりこになったのか。なにを考えて「剣闘士の情婦」と呼ばれるまでに身を落としたのか。……腕の負傷で引退が近く、顔にはさまざまな欠点がある。かぶとの傷跡があるし、鼻には大きなできものがあり、目からは汚い膿がつねに流れている。しかし、彼は剣闘士なのだ！　ただそれだけで、この世で最も魅力的

こういう見世物ぐらい、人の人格を損なうものはほかにありません。　　　　　　　　　——セネカ『書簡集』7・2

な若者に変貌するのだ!
　　　　　　　　——ユウェナリス『風刺詩』6・103～110

　試合の前日に開かれる「公開晩餐会」では、剣闘士たちがお披露目される。一部の女性はかれらにおおっぴらに色目を使い、年季の入った賭博師たちは目当ての剣闘士の状態をじっくり観察する。しかし、あまり近づくことはできない。剣闘士たちは全員、*lanista*（ラニスタ、文字どおりには「剣士」の意）に厳しく監視されているからだ。この試合のために、ラニスタはかれらを何か月も、場合によっては何年も訓練してきたのである。ローマ市には剣闘士養成校が4つあり、うち最大の Ludus Magnus（ルドゥス・マグヌス、「大きな学校」の意）は円形演技場のすぐそばにあって、地下トンネルでつながっている。
　コロッセウム（正式には「フラウィウス円形演技場」という）は、それでなくてもこの世で最も立派なスタジアムだ。カエリウス丘とエスクィリヌス丘とパラティヌス丘にはさまれた谷間に建てられており、ローマ広場(フォルム・ロマヌム)からのびる聖なる道(ウィア・サクラ)の先、ティトゥスの凱旋門をくぐったところにある。そばに黄金張りの太陽神ヘリオス像が立っていて、それが高さ約40メートルの巨像(コロッスス)なので、演技場そのものだ

　ノルバヌスが手配した剣闘士どもときたら——どいつもこいつも一文の価値もなかった。息を吹きかけたらぶっ倒れそうなよぼよぼの年寄りばっかりで。
　　　　　　　——ペトロニウス『サテュリコン』45・11

第7章　楽しむ　　159

☞ 一般的な剣闘士の種類

dimachaerus **(ディマカエルス)** ── 短剣2本を用いる。

eques **(エクエス)** ── 馬に乗り、槍と剣を用いる。

essedarius **(エッセダリウス)** ── ケルトふうの戦車乗り。

hoplomachus **(ホプロマクス)** ── ギリシャふうの重装歩兵。ミルミッロやトラキア人と対戦することが多い。

laquearius **(ラクエアリウス)** ── 投げ縄を用いる。

murmillo **(ムルミッロ)** ── 剣とガリアふうの縦長の盾を用いる。ホプロマクス、トラキア人、レティアリウスと対戦することが多い。

retiarius **(レティアリウス)** ── 三叉の矛と短刀と投網を用いる。セクトルまたはムルミッロと戦う。

samunis **(サムニス、サムニウム人の意)** ── 方形の盾、かぶと、短剣を用いる。

secutor **(セクトル、追跡者の意)** ── 盾とかぶとと剣を用いる。ふつうレティアリウスと戦う。

thrax **(トラクス、トラキア人の意)** ── 丸い盾と湾曲した短刀を用いる。ムルミッロまたはホプロマクスと戦う。

けではなく、このあたり一帯が「コロッセウム(ここでは「巨像のあるところ」ぐらいの意)」と呼ばれている。

この円形演技場は高さ約50メートル、幅が約200メートルあって、面積は約2万4000平米〔東京ドームの約半分〕である。トラバーチン〔石灰石の一種〕張りのアーチの層は、層ごとに異なる建築様式で造られている。第一層はドーリス式、第二層はイオニア式、第三層はコリント式である。その上にはレンガを張ったコンクリートの層があり、最上

層は木造で、仕上げに松材のマストが立ち並び、旗があげてある。

　何万もの観客が押し寄せるわけだから、どちら側から演技場に入るかが重要になる。入場券には適当な入場口が書いてあるから確認しよう。入場口は全部で80あり、アーチのうえには番号がふってある（うち76か所は一般観客用、2か所は皇帝一家とその随員専用、残り2か所は剣闘士用だ）。なかに入ると、通廊はひじょうに広く、階段やトンネルは効率的に配置してあるから、20分もあれば階段席は埋まってしまう。見世物が終わったあとは、観客はあっというまに通りに吐き出されるので、コロッセウムの通廊は *vomitoria*（ウォミトリア、「吐き出し口」）とあだ名されている。

　観客はどこにでも座っていいわけではない。最もよく見えるのは壇上の席だが、この大理石のテラス席は元老院議員、外国の大使、神官など高位の人々の専用だ。このテラス席の南側には皇帝の桟敷があり、その横はウェスタの巫女たちの席、その後ろの20列は騎士階級の席だ。その他の席は3つに分かれている。*imum*（イムム、「一番下」の意）は裕福な市民とその客人の席、*summum*（スンムム、「一番上」の意）は貧しい市民の席、そして最上層の木造の席（立ち見のみ）は女性用である。5万から8万の人がひしめくにもかかわらず、ほとんどどの角度から見ても闘技場は驚くほど間近に見える。楕円形なので、真円の場合より観客席が近くなるためだ。このハレナの床ほど多くの血を吸った場所は、世界じゅう探してもそうはないだろう。面積は4万8440平方フィート〔約4500平米〕だが、1平方フィート

第7章 楽しむ

試合中の剣闘士たち。派手ないでたちのわりに、致命的な攻撃に対して甲冑がほとんど防御の役に立っていないことに注目。右側では、審判が棒を使って2人の剣闘士を分けている。負けたほうの剣闘士は人さし指を立てているが、これは観衆の慈悲を乞うという合図。

あたり少なくとも100人の人間とその倍の動物が死んでいるのだ。

　どの試合もまったく同じパターンということはないが、最初は参加選手の行進がおこなわれることが多い。選手たちから観客席になにかが投げ込まれたら、できればキャッチしよう。これは全国宝くじのローマ版みたいなもので、賞品は豪華な食事から高級住宅、象1頭、壊れた壺までいろいろだ。楽しみにしている向きにはお気の毒だが、女剣闘士は先ごろ禁止された。とはいえ、血みどろの試合と試合のあいまには、踊り子や女曲芸師が自慢の芸を披露してくれるだろう。

円形演技場は、ローマ皇帝を近くで見られる数少ない場所のひとつだ。ここでは皇帝と一般市民との交流がおこなわれるが、それを見ていればローマの現状がよくわかる。人気があればあるほど身の安全が保証されるから、皇帝はみな珍奇な生きものを次々に見つけてきて、市民を喜ばせようとする。お披露目では、ダチョウやワニやヒョウや、ときにはカバまで出てくるが、その多くが次の演目――*venatio*（ウェナティオ、狩り）――で死ぬことになるのだ。

　このウェナティオのさいには、入念に作られた森がハレナの床から持ちあがってきて、そこから魔法のように動物たちが現われたりする。一見して砂で覆われたただの床にしか見えないが、ハレナの地下には檻や地下通路やスロープがいくつも造られていて、レバーと釣り合いおもりによって、たえず舞台装置をあげたり引っ込めたりしているのだ。狩りによっては、熊と雄牛とか、ライオンと象などのように、異種の動物どうしを戦わせることもあるものの、

> トラクスのケラドゥス、優勝3回、娘たちのあこがれの的
>
> クレスケンス、その投網に夜には乙女が引っかかる
>
> ――剣闘士の性的魅力を証言する落書

第7章 楽しむ

人間の戦士が地中海地域の獰猛な野生生物を迎え撃つ、という趣向のほうが一般的だ。

このハレナの需要のせいで、地域によっては絶滅する動物も出てきている。共和政期ですらそういうことがあった。キケロは次のように書く。

> ヒョウについては、いつもの狩人たちに全力を尽くすよう指示してあります。しかし、信じられないほど数が少ないのです。……狩人たちはこの属州を出て、カリアへ探しに行くと言っています。ともあれ、この件についてはいま熱心に手を打っているところです。……手に入った動物はすべてお送りしますが、なにをお送りできるかはまったくわかりません。
> ——キケロ『友人への書簡集』2・11・2

ローマ人にとっては、自然は人間によって脅かされるものではなく、人間を脅かすものであり、狩りは人間の優越を示して観る人を安心させる見世物だ。だから猛獣と戦うのは専門の戦士、いわば闘牛士のローマ版であって、罰せられる犯罪者ではない。セネカが書いているように、犯罪者の懲罰はたいてい昼食どきにおこなわれる。このタイミングを逃さず、ちょっと抜け出して食事をとってくる——あるいは、たんに抜け出すために抜け出して、せっかく胃に入れたものをむだにするのを防ぐ——とよいかもしれない。ローマ人は、正義はできるだけ派手に、むごたらしくおこなわれるのがよいと考えているからだ。

公開処刑は、犯罪者のなかでもとくに最低の犯罪者に対

> オケアヌス、解放奴隷、13勝、勝ち
>
> アラキントゥス、解放奴隷、9勝、負け
>
> ——闘技場の対戦表、CIL　4・8055

して/おこなわれる。*damnatio ad bestias*（ダムナティオ・アド・ベスティアス、猛獣刑の宣告）は、人間のくずに対する罰と考えられている。たとえば毒殺犯、強姦犯、盗賊、脱走兵などだ。罪人はハレナにそのまま放されることはなく、たいていは罪状を書きつけた杭に縛られている。ちなみに、キリスト教を信じていても犯罪ではない。キリスト教徒の迫害はそうしょっちゅうあることではないし、またキリスト教徒をライオンに食わせることはあっても、コロッセウムではそういうことはしない。

　10人ほどの処刑がすむと、その後に同じぐらいぞっとしない見世物が始まる。罪人と罪人が、ムチや焼きごてでせっつかれて、互いに死ぬまで戦うのだ。勝っても生命が助かるわけではなく、死ぬまで新たな相手と戦わされる。警察を持たない社会では、このような刑罰の抑止効果は大きい。また同じく重要なのは、人々から恐れられた悪人もときには相応の罰を受けるということを、市民がその目で確

認できることだ。

　昼食後にはハレナの床に砂がまきなおされ、剣闘士の闘技に先立って前座の戦闘が始まる。これはたいてい笑いをとるための演技で、道化師と侏儒を戦わせたりする。血が流れることはめったになく、死人が出ることはまずない。昼が過ぎて暑くなってくると、ミセヌムの海軍基地の水兵1000人が、円形演技場のてっぺんのマストに群がる。マストには索具が取り付けられていて、水兵たちはそれを使って巨大な帆を張り、観客席に日陰を作るのだ。帆はさまざまな色に染められていて、観客席を彩る光のいたずらが、ハレナで展開する超現実的な見世物と強烈な対比をなしている（ハレナには日除けはかけない）。

　剣闘士が登場すると、観客席からどっと歓声があがる。前半では剣闘士のチームとチームの集団戦がおこなわれることもあるが、人気のある剣闘士なら一試合一試合をじっくり見たいものだ。

　また、*andabata*（アンダバタ、目隠しをした剣闘士のこと）が呼び物の奇怪な試合もある。双方ともに目を覆うかぶとをかぶって、生命がけの目隠し遊びをするのだ。剣闘士の甲冑では、ささいな負傷は防げても、致命傷につながる部位は剥き出しである。攻撃が決まったときは *habet*（ハベット、「決まった！」）と、また致命的な一撃が決まったときは *peractum est*（ペラクトゥム・エスト、「やられた！」）と観客から叫び声があがる。

　これ以上戦いつづけられなくなると、剣闘士は人さし指を立てる。これは慈悲を乞うしぐさだが、慈悲を乞う相手

ローマ豆知識

†戦車に乗って戦うパリウスという剣闘士が大喝采を浴びたため、カリグラ帝〔在位37〜41〕は嫉妬して、ローマ市民は皇帝を無視していると激怒して席を立った。

†巨大化した自分のペニスと戦う剣闘士の小像は、下品ながらユーモアたっぷりにその性的魅力をからかって人気を博している。

†ドミティアヌス帝〔在位81〜96〕は、闘技を見ながらペットの侏儒を愛撫していた。コンモドゥス帝〔在位180〜192〕は弓矢を持参して、ハレナに登場する動物に上から矢を射かけていた。

†皇帝に対する剣闘士の挨拶「われら死せんとする者きみに礼す」は有名だが、実は記録上は1度しか使われていない。言われたクラウディウス帝〔在位41〜54〕は、皮肉たっぷりに「そうとも限るまい、場合によってはな」と応じたという。

†演技場に頻繁に通う元老院議員は、いつもの席に自分の名を彫りつけてキープしている。

は対戦者ではなく、この闘技を主催する *editor*（エディトル）である。当然のことながら、エディトルは皇帝からの合図を待ち、皇帝はふつう観衆の意見に従う。審判が長い棒を割り込ませ、戦士と戦士を分けているあいだに決定がくだる。立派に戦ってきて人気のある剣闘士なら、*mitte*（ミッテ、「助けてやれ！」）と声がかかり、そうでない場合は *iu-gula! iu-gula!*（ユグラ、「殺せ、殺せ！」）と怒号が飛ぶ。

　死を与えると決まると、観衆は静まりかえる。剣闘士は勇敢に死ななくてはならない。負けた戦士は首を垂れ、ひざまずいて、処刑人に早変わりした対戦相手の腿をつかんで身体を支える。処刑人は剣の切尖を下に向け、上から首筋に突き立てて、脊椎骨から心臓に達するまで貫き通す。「親指をあげる」のは、じつはどちらともとれるきわめて紛らわしいしぐさだ。というのも、この上から下へのとどめの一撃のまねだからである（剣を持っているつもりで、上から下にまっすぐ突き刺すまねをして、自分の手がどうなっているか見てみよう）。そしてまた、ローマの剣をさやに収めるときには、手が返って親指が下向きになり、身体のほうを指すことにも注意しよう。したがって、嘆願する剣闘士に対して親指を上に向けてみせるのは、許すという意味にならないかもしれないのだ。

　殺された剣闘士は引きずっていかれ、死者のための恐ろしい出口、〈Porta Libitinensis（ポルタ・リビティネンシス）〉〔「死の女神リビティナの門」の意〕から運び出される。そこで武器や甲冑をはぎ取られ、その武器甲冑は戦友たちに返還される。

Ⅶ　ローマの公衆浴場。このアントニヌス浴場(テルマエ・アントニニアナェ)(カラカラ浴場といったほうが通りがよいが)は、いまはまだ建築家の設計台にしか存在しない。実際の建設は後212年に始まる。

Ⅷ 開いた直後とか戦車競走のさいちゅうならべつだが、浴場はふつうこんなにすいていない。人がうじゃうじゃいて、大声で話したり、湯をはねちらしたり、ウェイトリフティングをしたり、まずいファストフードを買ったりしているはずだ。

Ⅸ（次ページ） 神殿の *cella*（ケッラ）。ローマの信仰ではこれが神の住まいである。信者は神殿の外の祭壇で犠牲を捧げる。ケッラに納められた巨大な神像は、神のほんとうの姿ではなく、大きな抽象的存在の象徴だということをローマ人は理解していた。

X　パンテオン内部。パンテオンは、かつて建造された最も印象的な宗教建築のひとつであり、ここに祀られているオリュンポスの神々すべての住まいにふさわしい。

XI（次ページ）　同じくパンテオン内部だが、円蓋の作る巨大な半球形の空間を見せるために歪めてある。円蓋内壁を埋める格間(ごうま)に注意。このようにくぼませることで、重量が過大になるのを防いでいるのである。

勝者は、賞金の入った財布と勝利の象徴であるしゅろの葉を受け取る。また、黄金の冠を与えられることもある。集金人が盆を持ってまわり、客が自発的に差し出す小銭を集める。その後、人々はまた席に腰を落ち着けて次の試合を待つ。あるいは、闘技場が変化して動物の芸や曲芸が主体の見世物が始まることもある。血みどろの殺戮には眉ひとつ動かさないわりに、ローマ人は性に対しては開放的なくせにお堅いところがあるので、あからさまに好色な見世物はほとんどない。

　しかし、コロッセウムでくりひろげられるドラマに、少なくとも性的な含みがあるのはまちがいない。そのことはただちに明らかになる——闘技が果てて夜気のなかに人々がぞろぞろ出てくると、そこには無数の売春婦が待ち構えているのだ。コロッセウムのアーチ下の小区画（ラテン語で *fornix*（フォルニクス）という）は賃貸されていて、そこで人目もはばからず交わっているので、それが英語の「fornicate（姦淫する）」の語源になっているほどだ。

キルクス・マクシムス（大競技場）

　以下にあげるのは、詩人オウィディウスが恋人を戦車競走に連れていったときの話だ。

　　幸せな男だ、あなたが応援する戦車乗りは。あなたの目を惹きつけるとはなんという幸運だろう。私もそんな幸運にめぐりあいたい。いますぐあの発車標柱に飛んでいって、馬を駆ってあざやかなスタートを切りたい。そうしてここで馬の

首にかかった手綱を振り、ここで馬にむちをくれて、折り返し標柱をかすめんばかりに方向転換するのだ。……
　どうしてあなたは、私のそばを離れよう離れようとするのか。そんなことは無理なのに、座席がこんなにくっついているのだから。これはありがたい、キルクスがこんなふうにできているおかげだ。しかしそこのおまえ、このご婦人の反対側に座っているおまえ、それはいったいなにをしているのだ。そんなふうに彼女に寄りかかるんじゃない。それとそっちのおまえ、彼女の後ろの席のやつ、そんなに脚を突き出すんじゃない。こぶみたいな膝が彼女の背中にめり込むじゃないか。
　気をつけて、愛しいあなた、服のすそが床に引きずっているよ。少し持ちあげるといい、それとも私がやってあげようか。……どうなるだろう、あなたの脚を見てしまったら。……目に映るあなたの姿からして、その上品のドレスの下にきちんと隠しているもうひとつの魅力を、私はありありと思い描くことができる。
　さあ、プラエトルが合図をした。4頭立ての戦車が走りだす。あれがあなたのごひいきだね、だれだか知らないが勝っているね。馬にもあなたの望みがわかるのだな。ああなんと、折り返し標柱でひどい大まわりをしでかした。まったくしかたのないやつ、いったいなにを考えているのだ。ほら見ろ、もっと小さくまわった戦車に追い抜かれてしまったじゃないか。ばか者め、もっとまじめにやれ。せっかく女性に応援されているのに、意味がないじゃないか。頼むから左の手綱を引け、もっと強く！　やれやれ、なんたるぼんくらだろう。さあローマ市民たちよ、あいつを応援してくれ、トガを振ってやってくれ。ほら、みんなが彼を応援しているよ。ただ気

をつけて、そのせいで髪を乱してはいけない。みんながこんなにトガを振りまわしているからね。ほら、私のトガのひだであなたの頭を守ってあげよう。

　ごらん、またスタートするよ、バーがおりた。ほらこっちへ来る、さまざまな色をまとって、狂ったように馬を駆り立てている。……彼が勝ったね。さて、私にはどんなご褒美が待っているかな。ああ、にっこりしているね、愛しいあなた、これは有望そうだ。ここではそれだけでじゅうぶん、残りはべつの場所でいただきたいな。

　　　　　　　　　　　——オウィディウス『恋の歌』3・2

　ローマ市民が剣闘士の試合に熱狂すると言うなら、戦車競走には発狂すると言うしかない。これに比べられるものなどない。詰めかけた20万ものファンの怒号や悲鳴が渦巻くなか、世界最高の戦車乗りたちが小さな戦車をあやつっ

キルクス・マクシムス

キルクス・マクシムス

　このキルクスは長さが3.5スタディオン［600メートル強］、幅が4プレトロン［約120メートル］ある。長辺側の両方と短辺側の一方に、深さ・幅ともに10フィート［約3メートル］ほどの堀があって水を受けるようになっている。そしてその外側に、3層の屋根つきテラスが建っている。一番下の層には石造りの座席があって、劇場のように階段席になっている。上の2層の座席は木製である。短辺側のポルチコは三日月形で、長辺側の2つをつなぐ形で建ててある。このため、円形演技場と同じように3つがひと続きのポルチコをなしている。ただしこちらの全長は8スタディオン［約1500メートル］あって、1万5000人を収容できる。残る短い側には覆いがなく、屋根つきの競馬用の発馬ゲートがあり、これは1本のロープですべて同時に開くようになっている。キルクスの外にも1層のポルチコがあるが、これには商店が入っており、その上は住宅になっている。このポルチコには、店一軒一軒に観客用の入口と階段があるので、観客が何千人何万人といても遅滞なく出入りできる。

——ハリカルナッソスのディオニュシオス『ローマ古代誌』3・68

て、死をも恐れぬきわどいわざを披露しあうのだ。手に汗にぎる興奮という点で、この競技場はまさに「偉大（マクシムス）」である。

　ここは、ローマでもとくに古い娯楽の場だ。まだ王政の時代、1000年近くも前に建設され、以来何度か再建されている。いまの1968フィート〔約600メートル〕に走路を延長したのはユリウス・カエサルで、前50年のことだ（キルクスの幅はおよそ738フィート〔約225メートル〕だが、*spina*（スピナ、「背骨」の意）と呼ばれる低い分離帯があって、中央で2つに分かれている）。

　ネロ帝〔在位54〜68〕の時代、ここから出た大火のあとにキルクス・マクシムスはほぼ完全に建てなおされたが、現在の建物はおおむねトラヤヌス帝〔在位98〜117〕が建てたものだ。観客席を徹底的に改装して、座席も5000席増やしている。

　円形演技場では座席は固定されているが、キルクスの座席はおおむね早い者順であり、人をかき分けて座ることになる。9月の〈Ludi Romani、ローマ大祭（ルディ・ロマニ）〉などの大きなイベントのさいには、多くのローマ市民がパラティヌス丘にピクニックに行く。西斜面からキルクスが見おろせるので、ピクニックしながらレースを楽しめるというわけだ。キルクス内部では、いちばんよい席は西の端（角張った側）、

　きみが1年かかって稼ぐぶんを、戦車乗りはたった1レースで稼いでしまうのだ。
　　　　——ユウェナリス『風刺詩』7、学校教師について

第7章　楽しむ

競走中の戦車乗り

皇帝のボックス席のそばだ。だがこのときに限っては、最もよく見えるのは皇帝の席ではなく、*pulvinar*（プルウィナル）という聖なる席だ。ここに陣取るのは神々の像であり、公職者が先導して、神殿から行列を作ってここまでお連れすることになっている。ローマでは、だれもが戦車競走を見に来るのだ。

　スピナに立つ高さ20メートルのオベリスクは、もともと前1250年ごろ、エジプトのヘリオポリスに建てられたものだ（1587年にはキルクスから移されて、その後はずっとローマの人民広場にそびえることになる）。スピナには7つの石の卵があって、レースのさいには1周ごとにそれが1つずつ

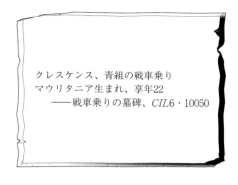

> クレスケンス、青組の戦車乗り
> マウリタニア生まれ、享年22
> ——戦車乗りの墓碑、*CIL*6・10050

取りのけられる。走路の端の席からはこの卵が見えないので、代わりに7頭の青銅のイルカを見る。1周ごとに1頭ずつ頭を下げることになっているのだ。これを設置したのは、アウグストゥスに仕えた提督アグリッパである。前31年、彼は艦隊を率いてアントニウスとクレオパトラを打ち負かし、それを記念してこのイルカを設置させたのだ。

戦車乗りは、赤組、白組、緑組、青組に分かれている。ローマ市はもちろん帝国じゅうどこでも、だれもがどれかの組を応援している。賭にのめり込み、声援にも熱がこもる。八百長の疑いが少しでもあると、それだけで暴動が起こる。地下の悪魔に呼びかける呪いの石板が発見されているが、それはこんな内容だ。

　……緑組と白組の馬が苦しんで死にますように。戦車乗りのクラルス、フェリクス、プリムルス、ロマヌスの息の根が完全に止まりますように。

ローマ豆知識

†レースとレースのあいだには、軽業や動物の芸が披露される。後世に同様の見世物を「circus (サーカス)」と呼ぶようになったのはそのため。

†昼食を競技場に持ち込んだ人物に、アウグストゥスは「食事がしたければ、私なら家に帰る」と言った。しかし言われたほうは恥じ入りもせず、「座席をとられる心配がなければ、私だってそうしますよ」。

†観客は自前の座布団を持ってくる。貧しい人が使うのは、イグサを編んで作った分厚いマットで、そのためこれを「キルクスの敷物」と呼ぶ。

ふつうのレースでは戦車12台が出走するが、外周側が不利にならないように、発走ボックスはずらして配置されている。各組から1台ずつ出走するレースもあって、これは「単一出走」レースという。年に何十人もの戦車乗りがレース中の事故で死亡するのだから、悪魔に祈る必要などないぐらいだ。「生き急ぎ、死に急ぐ」という言葉は、この戦車乗りにとっては文字どおりの真実だ。戦車と言っても、車輪のついたちっぽけな足場みたいなものだし、しょっちゅう衝突しては大破するし、そうなったらめったに助からないのだから。

　　スコルプスはキルクスを大いに沸かせ、割れんばかりの喝采を浴びたが、長くは生きられなかった。たった26歳で、無慈悲な運命に連れ去られたのだ。運命は年数ではなく勝利の数で生涯をかぞえ、おまえは老人と見なされた。なんとむごいことよ。スコルプスは青春を奪われ、あまりにも早く死という黒馬に手綱をつけた。おまえは何度も、ゴールラインを全力で駆け抜けてきた——それがなぜ、今度は人生のゴールラインになってしまったのか。
　　　　　　——マルティアリス『エピグラム』10・53、50

　キルクスは、もっと血なまぐさい見世物の場となることもある。キリスト教徒の処刑がその例だが、これはネロのキルクスでおこなわれることのほうが多い。ネロのキルクスはウァティカヌスの野にある——キリスト教の最重要人物のひとり、聖ペトロがその近くに葬られているのは偶然ではないのだ。

劇　場

知識人には絶賛されているが、ローマの演劇は娯楽としてはいわば継子扱いである。

　この劇を初めて上演しようとしたときは、有名なボクサーのほか、綱渡り師ともお客さまの奪い合いになりました。……そういうわけで、私どもの昔ながらの手段に訴えることにいたしました。同じ劇を2度やるのです。今度はうまく行きました。第1幕の終わりまで、お客さまはずっと観ていてくださったのです。ところがそこへ、もうすぐ剣闘士の試合が始まると声がかかりますと、お客さまは雪崩を打って出て行かれて、早く席をとろうと人垣を乗り越えて行かれるかたまでおられる始末でした。
　　　　　　——テレンティウス『義母』第2の前口上

ギリシャ悲劇が観たいなら、私的な上演会を探すのがいちばんだ。ただ注意したいのは、アイスキュロスやソポクレスを鑑賞するような人は、原語のギリシャ語での上演を好むということである（教育のあるローマ人は、ほとんど例外なくギリシャ語もできる）。幸い、テレンティウスやプラウトゥスのように、ラテン語の作品を書く活きのいい劇作家もいて、文芸作品でありながら抱腹絶倒の喜劇でもある作品を発表している。このスタイルをまねしたのが、後世のシェークスピアとかいう作家だ。こういう作品のいいところは、洗練された舞台で上演されることである（そしてそれを、居心地のいい座席で鑑賞できる。もっとも、これらの

お定まりの登場人物を演じる喜劇役者たち。放蕩者の息子に激怒する父親が、怒りのあまり杖を振るおうとして引き止められている。様式化された仮面と背景幕に注目。

劇作家たちの時代には、こういう娯楽は立って味わうものということになっていたのだが)。いっぽう同じ作品でも、2人か3人の旅回りの一座が、最低限の書き割りを使って演じることもある。これは偶然ではないが、こういう劇ではたいていの場面が戸外の通りを舞台にしているから、通りに接する土地が数メートル幅もあれば、小さな一座が即席に演技を始めることもできるのだ。

舞台がかかるのは市の立つ日や祝日だから、観客は浮かれ騒ぎたい気分だろうと予想して、俳優はそれに合わせて演技をする。筋書きはいつの時代にもおなじみの、あり得ないような偶然、人ちがい、善悪のジレンマの組み合わせ

頭上に張られたサフラン色と紫色の天蓋が、大梁を支えにはためき、華やかな場面と満員の観客席に色とりどりのさざ波が広がっていく。
　　——ルクレティウス『事物の本性について』4・75〜80

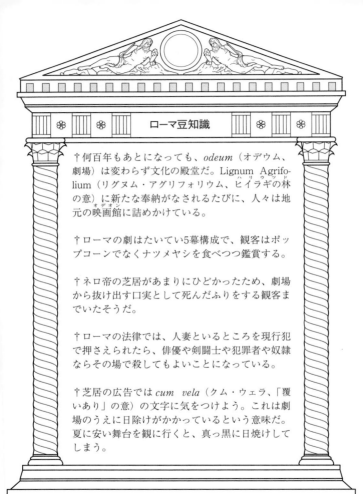

ローマ豆知識

† 何百年もあとになっても、*odeum*(オデウム、劇場)は変わらず文化の殿堂だ。Lignum Agrifolium(リグヌム・アグリフォリウム、ヒイラギの林の意)に新たな奉納がなされるたびに、人々は地元の映画館(オデオン)に詰めかけている。

† ローマの劇はたいてい5幕構成で、観客はポップコーンでなくナツメヤシを食べつつ鑑賞する。

† ネロ帝の芝居があまりにひどかったため、劇場から抜け出す口実として死んだふりをする観客までいたそうだ。

† ローマの法律では、人妻といるところを現行犯で押さえられたら、俳優や剣闘士や犯罪者や奴隷ならその場で殺してもよいことになっている。

† 芝居の広告では *cum vela*(クム・ウェラ、「覆いあり」の意)の文字に気をつけよう。これは劇場のうえに日除けがかかっているという意味だ。夏に安い舞台を観に行くと、真っ黒に日焼けしてしまう。

だが、神々や半神たちが思いがけないところで出てくるというひねりも加わっている。というより、ぎりぎり最後の瞬間に、ウィンチ仕掛けの神が舞台にいきなり降りてきて、すべての問題を解決するというのはよくある手法なのである。あまり使い古されすぎて、「機械仕掛けの神」(デウス・エクス・マキナ)といえば「お手軽な奇跡的解決」という意味になっているほどだ。

　無言劇には筋書きはないも同然で、伝説上のできごとを漠然と連想させる程度であり、売り物は音楽や踊りや暴力や裸である。上流人士にとっては腹立たしいことに、それで大衆には大いに受けているのだ。

　テルプシコラよりエウテルペのほうが好き（舞踊の女神より叙情詩の女神のほうが好きという意味）なら、*odeum*（オデウム）と呼ばれる小さな屋根つきの劇場に行こう。ここでは詩や名作の朗読、リラや横笛の名人の演奏もやっている。ネロ帝は、そういう場で音楽の公開演奏会をやってみたことがある。そのせいで一般大衆の不興を買ったが、これは演奏が下手くそだったせいばかりではなく、音楽家の地位は俳優より一段高い程度でしかないせいでもあった。俳優の地位は売春婦より一段高い程度で、しかもちょっと誘いがかかると、すぐにその一段を自分から下ってしまう。というふうに話が出たところで、ローマで大人気のもうひとつの娯楽——性と金銭の交換について紹介しよう。

売春と売春宿

　ローマには売春の長い歴史がある。建国者のロムルスとレムスは雌狼の乳をのんで育ったとされるが、こ

の話はほんとうかもしれないと考えられるようになってきた。というのも、売春婦は俗語で *lupa*（ルパ、雌狼の意）と呼ばれていたことがわかったからだ。そしていまの時代ですら、多くの若い男女を売春業にスカウトするため、そういう「雌狼」は捨て子を拾って育てているのだ。

ローマの街角には、信じられないほど露骨な性的表現が、日常の風景としていくらでも転がっている。浴場の壁には卑猥な絵が描かれているし、パン屋では男性器や女性器をかたどったパンが売られている。ときには、そういう目的ではなくてそういう表現になっている場合もある。たとえばワインは、勃起したペニスをかたどった壺に入って出てくることがあるが、これは男根(ファルス)が健康と繁栄と多産のシンボルだからだ（とはいえ、よっぽど酔っぱらっていないかぎり、その壺からじかに飲む人はいない）。しかし多くの場合、そういう絵や彫刻はまさにそういう意味で描かれているものだ。

ローマ人は性に関してタブーがないというより、それ以外のことにタブーがありすぎるのだ。たとえば詩人のマルティアリスは自分の恋人について、ベッドでは奔放で情熱的なのに、全裸はもちろん半裸でも、いっしょに入浴するのはいやがると不満を言っている。ギリシャ人に言わせると、ローマ人は見せたり見たりするのに抵抗が大きくて、

　ギトンは血の気を失って青い顔をしているし、私自身もこの
　淫らな売女のせいで危うく死にかけた
　　　　　　　　——ペトロニウス『サテュリコン』2

明かりがあるとできないほどだという。

　ローマでは売春婦がどこにでもいるし、すでに「コロッセウム」の項で見たとおり、公共の建物のアーチの下にはフォルニクスがある。とくに神殿のまわりにはおおぜい集まっているから、キリスト教徒の文筆家はそれを辛辣に当てこすっているほどだ。売春婦には、好んで仕事をする場所によって特別な呼び名のついている者もいる。たとえば *bustuaria*（ブストゥアリア、「墓場の番人」の意）がそうで、これは墓地で──ときには霊廟のなかで仕事をする売春婦のことだ。この職業の頂点にいるのは *meretrix*（メレトリクス、「高級娼婦」）で、たいてい社会の最上層の顧客を相手にする。*lupa*（ルパ、雌狼）がいるのが「雌狼の巣」、つまり *lupanaria*（ルパナリア）ことフルタイムの売春宿である。街娼は *scorta erratica*（スコルタ・エッラティカ、「うろつく売春婦」の意）と言い、そして最底辺に位置するのが *diobolaria*（ディオボラリア）、文字どおり「小銭2枚」の売春婦という意味だ。たいていの時代や文化でそうだが、売春は危険で不名誉な仕事だ。ローマの売春婦の多くは、まったく文字どおりの意味で性奴隷である。

　こんな *noctiluca*（ノクティルカ、「夜の蝶」）たちですら、行為じたいは仕切りのなかで隠れてすることを好む。多くの酒場の裏には、そういう「囲い」──藁のマットを敷いた、石の寝台がひとつある小部屋──が少なくともトイレ

　　追加で1デナリ出せば、両方やらせてくれる女が望みだ
　　　　　　　──マルティアリス『エピグラム』9・32

と同じぐらいふつうに見られる。

　需要と供給の法則により、ローマでは性の値段は安い。街娼はパン1個の値段で買えるし、それよりは高級な部類の売春宿の女でも、ふつうの職人の2、3時間ぶんの報酬で買える。同じ *stabulum*（スタブルム、「部屋」）でも、ふつうの下宿屋をさすこともあれば、売春宿の一室をさすこともあるので、部屋をとる前に忘れずに確かめておこう。

　売春宿は街の決まった一角に集まっているが、これは規制があるからではなく、そこに客が多いからである。スブラ地区は名だたる赤線地区で、キルクス・マクシムス近く、パトリキウス通り沿いに建つ建物の壁には、あっちこっちに「*hic bene futui*（ヒク・ベネ・フトゥイ、「ここの女はよかった」ぐらいの意）」――そこで提供されるセックスの品質に対する下品なコメント――という落書が見られる。

　たいていの売春宿は、午後2時半ぐらいに開く（売春婦が「第9時の女」と呼ばれるのはたぶんそのせいだろう）。宿の女主人は *lena*（レナ）と呼ばれ、ふつうは入り口で料金を受け取り、それと引き換えに、どんなサービスを買ったかを図示したトークンを渡す。「昼顔」はパッチワークのカーテンに隠れた小部屋で待っていて、その入口のわきには、女の名と値段と得意分野が書かれている。ローマの極端に父権主義的な精神にのっとり、客は男性のみである。ご婦

　どこかの若い男が彼女と寝たとしたら、実際のところ、男は彼女を堕落させたことになるのか、それとも買ったことになるのでしょうか。　　――キケロ『カエリウス弁護演説』49

人がたはもっとこっそりと、剣闘士や奴隷や公衆浴場の湯男などと楽しむことになっている。あるいは、金銭や性に本気で飢えている場合は、買うほうでなく売るほうになって楽しむかだ。ローマの貧しい人々はその方面で小銭を稼ぐのにためらいはないし、パートタイムの売春婦は社会に認められようがどうしようが気にしない。さらに重要なのは、フルタイムの売春婦と違って税金を払わなくてもすむということだ。

　しかし、「女工のクラウディアは口でいかせるのがすごくうまい。値段も格安」といった落書には用心しよう。こういうのはふられた男が腹いせに書いていることがあって、期待して買いに行ってもクラウディアに歓迎されるとはかぎらないからだ。

　種類は少ないが、性病もあるから注意しよう。ヘルペスやクラミジアなどの性感染症の危険は、店のグレードが下がるほど大きくなる（高級な店では、給水係に水場への往復をさせ、客をとるごとに売春婦が身体を洗えるようにしている。また最高級の売春宿なら、導水管からじかに水をとっているものだ。これは、その店があらゆる意味でコネに恵まれているしるしだ）。上流階級では売春宿に通うのは恥ずかしいことだが、それは不道徳だからではなく、売春宿通いは下賤の者のすることだからだ。なにしろ、元老院議員はもちろん、市の行政官たちですら、売春宿をじかに経営したり、営業免許を与えたりして、がっぽり儲けているのである。また上流も下流も関係なく、十代の男たちが深夜の飲み会のあとに押しかけるのはよくあることだ。

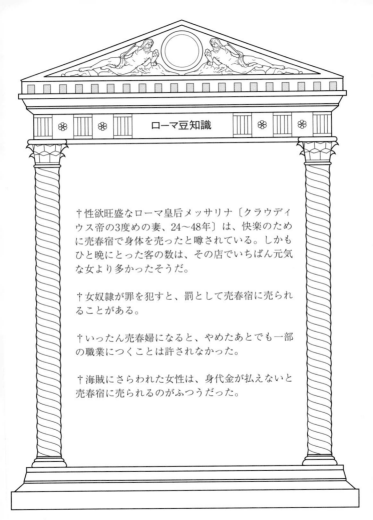

ローマ豆知識

†性欲旺盛なローマ皇后メッサリナ〔クラウディウス帝の3度めの妻、24〜48年〕は、快楽のために売春宿で身体を売ったと噂されている。しかもひと晩にとった客の数は、その店でいちばん元気な女より多かったそうだ。

†女奴隷が罪を犯すと、罰として売春宿に売られることがある。

†いったん売春婦になると、やめたあとでも一部の職業につくことは許されなかった。

†海賊にさらわれた女性は、身代金が払えないと売春宿に売られるのがふつうだった。

たとえ相手が売春婦だろうと、若者の女遊びは許されないと考える者がいるとしたら、それはきわめて高潔な人物にはちがいないでしょう。しかし、今日の風紀のゆるみがわかっていないだけでなく、父祖の規範や気晴らしについてもわかっていないと言うしかありません。若者の女遊びが許されていなかった時代があったでしょうか。法で認められていることをして、それが罪とされる時代があったでしょうか。
　　　　　　　　　　──キケロ『カエリウス弁護演説』48

　とは言うものの、ローマでもどこでも、売春と犯罪は切っても切れない関係にある。待ち受ける数々の誘惑に弱い人は、よくよく胸に刻んでおこう。*caveat emptor*（カウェアト・エンプトル）──「買い手危険持ち（商品の品質に売り手は責任を持たないということ）」──という言葉を生んだのはローマ人なのだ！

第8章
宗教

見ておきたい神殿、パンテオン、祭祀

ローマは言うまでもなく神々の都だ。神々の加護がなければ、どうして世界一の強大な都市になれるだろう。ローマは神々だらけだ——もともとローマ人が何百もの神々を信じているうえに、ユダヤ人やアラブ人、ゲルマン人、ヒスパニア人、ブリトン人など、あらゆる民族がそれぞれの神々を持ち込んでくるからである。どの通りにもなにかしら小さな社があるし、神殿はほとんどどこにでもあって、その点では居酒屋にもひけをとらないぐらいだ。

ローマの社が見たければ、手っとり早いのはいま宿泊している家の *lararia*（ラララリア）を探すことだ。これはその家の守り神を祀る小さな祭壇で、食事中に床に落ちた食物は、捧げ物としてここで燃やすことになっている。

そのほかに、*Penates*（ペナテス）と呼ばれる精霊の集団が家庭を守っていて、この精霊たちは炉——伝統的に、ロ

ーマの家庭の中心とされる——に住んでいる。これら家庭の神々に対しては、家父長すなわち*paterfamilias*（パテルファミリアス）が神官役を務めることになっている。ただし、結婚を完成させる儀式のさいには、新しい家庭の神々に犠牲を捧げるのは花嫁の役目である。

ローマの信仰の基本は、*pax deorum*（パクス・デオルム、「神々の平和」）である。しかるべき儀式をあげ、犠牲を捧げていれば、神々はローマにとどまって守ってくれるというのだ。有力な神々は、機嫌を損ねると怪異（彗星や落雷などの異常な現象）や洪水、疫病、地震などを起こすが、神々に完全に見捨てられるのに比べたらどうということはない。そういうわけで、ローマには*evocatio*（エウォカティオ）と呼ばれる儀式がある。敵の都市に攻城戦をしかけるとき、とくべつ抵抗が激しくてなかなか落城しないと、神官たちがその都市を守る神々に呼びかけて、そこを棄ててもっと居心地のよいローマにお移りくださいと誘うのだ。これは効き目があるようだが、おかげでそれでなくても多い神殿がますます増えることになる。

ローマの神々は、それなりの扱いさえ受けていれば、人々が自分を信じていようがいまいが気にしない。公的な祭祀にちゃんと参加していさえすれば、市民は自分の好きな神々をなんでも拝んでかまわないのだ。ローマの神々は、従い敬うことは要求しても、愛せよとは言わない。人が自

1冊の本の1章だけで、どうしてすべての神々の名を記録することができようか。 ——アウグスティヌス『神の国』4・8

分以外の神に犠牲を捧げていようがどうでもいいのだ。よそでも税金を納めていようと、収税人が気にしないのと同じである。互いに義務を果たし、互いに互いを尊重すること、それが神々とのつきあいかただ。特定の神に深い愛を告白することを *superstitio*（スペルスティティオ）と言うが、そういうことをする人はたぶんちょっと情緒不安定なのだろう。

　ローマでは神は国の神だから、信仰と国家のあいだにはなんの乖離もない。皇帝は神官の長、すなわち *Pontifex Maximus*（ポンティフェクス・マクシムス、大神官）であり、今日は法廷で裁判官を務めていても、明日はユピテル神に雄牛を捧げているかもしれない。ローマを訪れれば、そういう犠牲の儀式がおこなわれるのを1度は目にするだろう。犠牲の獣が花々で飾られて祭壇まで引いてこられ（ローマでは、祭壇は神殿前の戸外にある）、そこに奉納するしるしに、神官がその背中に特別な粉（*mola*、モラ）を振りかける。犠牲の獣が殺されると、*haruspex*（ハルスペクス、腸卜師）という神官が内臓を調べることがある。内臓の形が正常なら万事問題なしのしるしだが、異常があったり、あるいはその獣が死ぬのをいやがるそぶりを見せていたりすると、それは神の不興のしるしである。

　　かくて、カエサルの暗殺が近いことは、まごうかたなきしるしによって本人に予言された。……その前兆をものともせず、カエサルは元老院に向かったのである。
　　　　　　　　　　　――スエトニウス『カエサル伝』81

ローマ豆知識

†黄泉の国の神々に捧げる犠牲は、ホロコースト（全燔祭(ぜんはんさい)、ギリシャ語で「焼き尽くされた」の意）で完全に燃え尽きるまで焼き、肉を食べることはしない。

†神の不賛成のしるしとされる、稲妻その他のしるしが見えたと神官や公職者が発表すると、そのとき企画されていたことがただちに中断・延期されることがある。

†ローマの皇帝は、死ぬとふつうは神として祀られた（元老院の法令によって）。ウェスパシアヌス帝〔在位69〜79〕は死病の床についたとき、息子たちに「どうやら私はもうすぐ神になりそうだな」と言ったそうだ。

†ラテン語の *testis*（テスティス）に「証人」と「睾丸」の意味があるのは、ローマ人が自分の性器をつかみながら神々に誓いを立てるからだとされている。だが実際には、睾丸を意味する「testis」はギリシャの医学用語 *parastates*（「精巣」の意）から来ているものと思われる。

犠牲に捧げた獣の内臓は神々のために焼かれるが、残り物の肉はその他の参加者がちょうだいする。またその場で販売もされるから、ステーキを買っておくのも悪くないだろう。なにしろ神と——それも場合によっては強大なユピテル神と——同じものが食べられるのだから、少々相場より高いぐらいどうということはあるまい。

見ておきたい神殿

　カピトリヌス丘のユピテル神殿——最初に見に行くのは、カピトリヌス丘の至高至善のユピテル神殿でなくてはならない。ローマの信仰の中心にある神殿だからだ。その名のとおりカピトリヌス丘にあり、ローマでもとくに古い神殿のひとつだ。伝えによれば、市の基礎を築いてすぐ、つまり1000年近く前にロムルスによって建造されたという。ローマ人にとって、この神殿はローマの権威と栄光の象徴だ。神殿の基礎を築くために穴を掘ったら人間の頭が出てきたといい、これはローマがいつか世界の頭領になるしるしだ、と占い師が解釈したという話が伝わっている。

　今日では、神殿の基礎はトンネルが掘られて穴だらけになっており、奉納物や彫像や宝物が詰め込まれている。かつて屋根には彫像が飾られていたが、なにしろローマで最も高くそびえる建物だから、ひんぱんにユピテルの雷霆で打たれて、そのために損傷した彫像はていねいに地下にしまい込まれている。いまの神殿はドミティアヌス帝〔在位81〜96〕が後82年に建造したものだが、これは80年に焼け落ちた神殿の再建だった。そしてその焼け落ちた神殿も、

ローマ豆知識

† *Iupiter Optimus Maximus*(ユピテル・オプティムス・マクシムス、「至高至善のユピテル」)はふつう *IOM* と略される。献辞の碑文は、この3文字で始まることが多い。

†ユピテル神殿の4本の青銅の柱は、前31年にマルクス・アントニウスとクレオパトラの艦隊をアウグストゥスが打ち負かしたとき、鹵獲した船の衝角から作られた。

　後69年の内戦のさいに焼け落ちたものの再建であり、その前のは落雷で壊れたのを紀元前26年にアウグストゥスが再建したもので、そしてその前のは前83年に焼け落ちたものの再建だった。そういうわけだから、いまのがまだ建っているうちにぜひ見ておこう。

　この神殿には圧倒的な迫力がある。柱の基部の直径は2メートル半ほど、白大理石でできているが、ローマではほかの建物に使うことの許されない種類の石だ。扉は黄金で覆われ、屋根のタイルまで黄金張りである。神殿は方形で、向きは真南からわずかに東寄り。なかは3つの *cella*(ケッ

ラ)、すなわち神々の個室に分かれているが、これはユピテルのほかにユノとミネルウァも祀られているからだ(ただし、境界の神テルミヌスの小さな社も見落とさないようにしよう。初めてユピテルの神殿がこの丘に建てられたとき、ほとんどの神々が移住に同意するなか、このテルミヌス神と、かのうら若き反抗者ユウェンタスこと青春の女神だけが、この丘にもともとあった神殿にそのままとどまったのだ)。ユピテルのもともとの像はテラコッタで、顔は祝祭日には赤く塗られていた(皇帝が勝利を祝って凱旋行進をするとき、顔を同じように塗るのはそのためだ)。今日のユピテル像は巨大な座像で、全身これ黄金と象牙ずくめである。

コンスルが就任後初の犠牲を捧げるのはこの神殿であり、凱旋行進の終点はこの神殿だ。そしてまた、諸外国とローマとの関係を扱う文書は、すべてここに保管されている。

フォルムに建つ神殿——カピトリヌス丘をあとにしたら、ゲモニアエの石段を下り、マメルティヌスの牢獄のわきを過ぎてフォルムに向かおう。フォルムについてはあとでもっとくわしく見ていくが、とりあえずいまのところは、まずその北西すみに建つサトゥルヌス神殿の花崗岩の列柱を眺めよう。ウェスタやユピテルの神殿に次いで、

ユピテルよ、ここに捧げるのは勝利の戦利品、王によって王から奪われた甲冑です。……そしてこの聖域をあなたに捧げます。
前750年ごろ、ロムルスがユピテル神殿を創建する
——リウィウス『ローマの歴史』1・10

この神殿は（トラバーチンでできた部分の大半については）ローマ最古の宗教的建造物のひとつだ。紀元前498年の奉献だが、いま外から見えるのは前42年に再建された部分である。この神殿が最初に建てられたとき、ローマはまだ農業国だった。そしてサトゥルヌスは、オプス（幸運の女神）の夫であると同時に農耕神でもあるのだ。ここにはまた、古い十二表法を刻んだブロンズの板が保管されている。十二表法は、ローマ法という壮麗な殿堂の基礎をなす法だ。

　サトゥルヌス神像じたいは象牙像で、両足を羊毛のひもで縛ってある。このひもが解かれるのは年に一度、12月17日のサトゥルナリア祭の日だけだ。

　サトゥルヌス神殿の向かいには、元老院議事堂すなわちクリアがあるが、これもそれじたい神殿だ。元老院は神聖な地でしか開けないからである。議事堂内に立つ有翼の勝利の女神像は、前272年にピュロス〔ギリシャのエペイロスの王〕から奪ったものだ。伝説によると、この像をここから動かすと、まもなくローマは滅びるのだそうだ。ローマ人がいまでもキリスト教徒を嫌っていることを考えると、これを言うのはあまり気の利いたことではないかもしれないが、この像は5世紀にキリスト教徒の皇帝によって撤去され、その後まもなくローマは滅びることになる。

　さて次はウェスタの社だ。ウェスタは炉の女神で、ユノとケレス（Ceres、穀物の女神。穀類を英語でcerealというのはここから来ている）の姉妹である。この社は後191年に再建されたばかりで、社に付属する中庭は、四囲に柱廊をめぐらし、中央には噴水池が作られている。ウェスタ社には

神像はなく、その代わり聖火が祀られている。社の部分には、ウェスタの巫女以外は立入を禁じられている。巫女たちは、犠牲式で用いるモラという粉を作り、聖火の番をするのが仕事だ。
　その聖火が消えたりしたら、ローマにとっては不吉なことだが、ウェスタの巫女にとっては不吉どころではない。それは、彼女たちのなかに不浄の者がいるというしるしなのだ。禁を破った巫女が見つかって罰せられ、その愛人が撲殺されたら、聖火は困難な方法、つまり棒と棒をこすりあわせてつけなおさなくてはならない。ウェスタの巫女は30年務めると誓いを解かれ、結婚することも許される。しかし、神々は嫉妬深いから、そういう女と結婚する男は寿命が大幅に縮むと信じられているし、無神論者や自殺願望のある男は夫にふさわしくないから、巫女は引退後も結婚はせず、神殿で暮らしつづけることが多い。
　次に現われるのは、2世紀なかばに建てられたアントニヌス・ピウスとファウスティナ神殿だ。大理石の建物で、高い台のうえにあって正面にはレンガの階段がついている。これはアントニヌス・ピウス帝〔在位138〜161〕とその妃ファウスティナを祀った神殿だが、特筆すべきはそのあっと驚く頑丈さだ。フォルム・ロマヌムは16世紀までは、朽

おまえを……ウェスタの巫女と認める。ローマ人のために、ウェスタの巫女がおこなうにふさわしく聖なる儀式をおこなわんことを。
　——大神官（ポンティフェクス・マクシムス）がウェスタの巫女を任命するさいの言葉

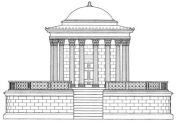

ウェスタの社の部分

ちかけながらもおおむね無傷で残っているのだが、ルネサンス時代になって、いきなり信じられない破壊行為が始まる。キリスト教徒という野蛮人どもが、教会、とくに新しい教皇庁を建てる材料を得るために破壊のかぎりを尽くすのだ。ところがこの神殿の柱は、いくら崩そうとしても崩れない。ただし、引き倒そうとして職人がかけた綱が食い込んで、柱のてっぺんには深い傷跡が残ることになる。

アントニヌス・ピウス帝が完成させたもうひとつの神殿が、ウェヌスとローマ神殿だ。コロッセウムとフォルムにはさまれた、ウェリアという小高い場所に建っている。建造に着手したハドリアヌス帝〔在位117〜138〕は、この神殿のことで建築家のアポッロドロスと仲たがいをした。神像にくらべてケッラが小さすぎるとアポッロドロスが注文をつけたところ、そこはハドリアヌス帝がみずから設計した部分だったため、機嫌を損ねた帝の命令でアポッロドロスは殺されてしまった。問題のケッラは柱廊に囲まれていて、ローマ女神の部屋はフォルムに面し、ウェヌス女神の部屋はコロッセウムのほうを向いている。ところでコロッ

セウムと言えば、このあたりの名前のもとになった巨像は、この神殿を建設するために移動させることになったが、それには26頭の象が使われたという。

最後にフォルム・ボアリウムに立ち寄って、丸いヘラクレス神殿（ウェスタの社にそっくりなので、ときどき間違われる）と、その横のポルトゥヌス神殿をしばし眺めよう。大男というイメージに合わせるように、ヘラクレス神殿の外に立つ祭壇は長年ローマ最大を誇っていたが、その座はのちに、アウグストゥスの立てた〈Ara Pacis、平和の祭壇〉に奪われることになった（第10章の「カンプス・マルティウス」参照）。
<small>アラ・パキス</small>

この駆け足の巡礼では、少なくとも5、6か所は興味深い神殿が抜けている。たとえばフォルムの南西、ユピテルの息子たちを祀ったカストルとポルックス神殿がそうだ。これは親しみをこめて「カストル神殿」と呼ばれている。また、アウェンティヌス丘には有名なディアナ神殿がある。そしてそれとは反対方向、マルスの野のはしには、ローマ屈指の驚異の建築物に数えられる神殿がある――万神殿だ。
<small>カンプス・マルテイウス</small>
<small>パンテオン</small>

パンテオン

パンテオンは、巨大で威圧的なハドリアヌス霊廟の川をはさんで向かいにあり、やや小ぶりながら同じく堂々たるアウグストゥス一家の霊廟も近くにある。パンテオンは、巨大な円蓋のおかげで遠くからも見えるが、この円蓋を支えるために壁の厚さは6メートルにもなる。だが

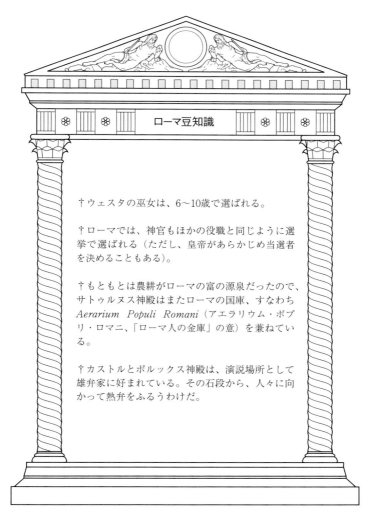

ローマ豆知識

† ウェスタの巫女は、6〜10歳で選ばれる。

† ローマでは、神官もほかの役職と同じように選挙で選ばれる（ただし、皇帝があらかじめ当選者を決めることもある）。

† もともとは農耕がローマの富の源泉だったので、サトゥルヌス神殿はまたローマの国庫、すなわち *Aerarium Populi Romani*（アエラリウム・ポプリ・ロマニ、「ローマ人の金庫」の意）を兼ねている。

† カストルとポルックス神殿は、演説場所として雄弁家に好まれている。その石段から、人々に向かって熱弁をふるうわけだ。

その巨大さにもかかわらず、この円蓋はひじょうに精密に造られていて、巨大な真球をその下にぴったりと嵌め込めるほどだ。というのも、円蓋の最も高い位置から床までの距離は、その直径とちょうど同じなのである。全体の容積は200万立方フィート〔約5万5000立方メートル〕近くにもなる。

　この神殿は、その円蓋も含め、後2世紀前半にハドリアヌス帝が再建したものだ。ここにはオリュンポスの神々すべてが祀られている。どの神も、それぞれ一体ずつ壁龕に像が納められているのだ（ギリシャ語で「パン」は「すべて」、「テオン」は「神々」を意味する）。

　神殿正面には、ギリシャふうの花崗岩の列柱が並び、その奥に巨大な青銅の扉がある。両開きの扉はそれぞれ高さが約12・5メートル、重さは60トンである。扉を抜けてなかに入ると、円蓋の頂点にある直径約9メートルの丸い開口部から光が射し込んでくる。そのため、一般的な薄暗い神々のケッラとはまるで印象がちがうし、しかもその印象は太陽が動くにつれて変わっていく。見あげれば、格間の列が同心円状に並んで円蓋を形作っているが、格間のくぼみによって、全体の重量を減らしていることに注目しよう。また、各列をしだいに小さくしていくことで、実際以上に大きく広く見せていることにも注意したい。

　豪華な大理石の床、屋内のアーチを支える柱、下半分の壁にうがたれる壁龕、屋内の列柱、そしてあふれる光と色彩がひとつになって、この神殿は永く人々を魅了しつづけ、建築としても芸術としても他に類を見ない傑作として、今

後数千年にわたって称えられるのだ。

祭　祀

ローマの住宅や宿泊所では、たいてい入口近くにカレンダーがある。1週間の予定を立てるときはせいぜい参考にしよう。黒や白のしるしは、そのカレンダーの所有者以外には関係ない。占星術に基づいて本人の幸運な日と不運な日を示しているだけだからだ。F（*fastus*（ファストゥス）、法廷を開ける日）とC（*comitialis*（コミティアリス）、集会の日）がついているのは仕事をする日であり、公

ローマ豆知識

†パンテオンの円蓋の直径は140フィート〔約43メートル〕強だが、これはかつて建造された石造りの円蓋としては世界最大である。この直径は、現代のローマに建つサンピエトロ大聖堂より2フィート〔約60センチ〕ほど長く、フィレンツェ大聖堂より5フィート、ロンドンのセントポール大聖堂より32フィート近くも長い。

> M.AGRIPPA L.F. COS.TERTIUM FECIT
> [マルクス・アグリッパ（ルキウス・アグリッパ
> の子、コンスルを3度務める）がこれを建てた]
>
> ——再建前のパンテオンに刻まれていた銘文。
> 　ハドリアヌス帝が後世のために保存

的な集会を開くことのできる日で、ふつうの平日だ。Nは *nefastus*（ネファストゥス、不吉な）の略で、一部の公的な行事はおこなえないことを示す。ENは半々の日で、公的な行事は午後にしかできない。対してNPは完全禁止の日、つまり重要な公休日である。NPの催しのなかには、サトゥルナリア祭のように毎年決まった日におこなわれるものもあれば、後世の復活祭〔春分後の最初の満月の次の日曜日に祝う〕のように年によってずれるものもある。

　ふつうの平日（AからHの文字がついていることが多い）と市の立つ日のほかに、カレンダーには1か月を区切る3つの重要な目印もついている。カレンダエ（第1日、ユノの聖日）、ノナエ（だいたい第7日）、そしてイデス（13日か15日、ユピテルの聖日）だ。

　ローマは1年じゅう神の祭日だらけだが、その神々の多

くはだれも憶えていないし、その日を祝うのは名もない神殿の神官たちだけだ。そのいっぽうで、国をあげて盛大に祝う祭日もある。観光客としては見逃せないどころか、わざわざそれを狙ってローマを訪れる人もいるほどだ。

1月——不思議なことに、1月1日は通常の仕事日だ。これは、昔は3月から1年が始まっていたためで、ローマ人はよほどのことがないと物事を変えようとしないのである。しかしこの日は、新しいコンスルが随員を引き連れて聖なる道(ウィア・サクラ)を練り歩いてカピトリヌス丘に登り、ローマの安寧を祈ってユピテルに白い雄牛を捧げる日である。そして象牙の椅子にすわって人々に顔見せをするのだ。1月の前半にはまた、コンピタリア祭という3日連続の祭がある。さまよう霊魂を慰めるための祭で、劇や舞踊やスポーツがおこなわれる。奴隷が休む日なので、ローマ市民は自分で身の回りの世話をしなくてはならない。

2月——浄めの月である。パレンタリア祭の1週間は祖先をしのぶ期間で、神殿は閉まり、結婚もできない。ワインとミルクを持って数人で墓地に集まり、死者と食事を共にする。祭の最後には、家族全員が集まって盛大に再会を祝い、ごちそうを食べる。パレンタリア祭にはルペルカリア祭が重なる。これはひじょうに古い祭で、その儀式がなにを意味しているのか、もうだれにもわからなくなっているほどだ。貴族の若者が2組に分かれて、パラティヌス丘の小さな洞窟で、ヤギを数頭と犬を1頭犠牲に捧げる。それ

から、犠牲に捧げたヤギの皮だけを身に着けて、丘を駆け下ってフォルムに向かうのだが、その途中に人に会うと、だれかれかまわずヤギ皮の細長い切れ端で引っぱたく。だれかれかまわずと言っても、ほとんどは若い女性だ。このヤギ皮のムチで叩かれると、子宝に恵まれると言われているからである。

3月——この月名（Martius、マルティウス）のもとになったマルス神を称える儀式がおこなわれる。奇妙なかっこうをした *salii*（サリイ）と呼ばれる若者の一団が、奇妙な盾を持って市内を練り歩きながら、ローマ人にすら意味のわからない聖歌を歌ってまわるのだ。この儀式は、まずまちがいなくローマ建国以前からある古いもので、その証拠に若者たちが身に着けるのは、1000年前の兵士が着けた古風な青銅の具足である。詠唱のお礼として、毎晩たいへんなごちそうをふるまわれるので、「サリイにも出せる」と言えば、とくべつ豪華な食事のことをさすほどになっている。

4月——花咲く月（Aprilis（アプリリス）はラテン語の動詞 *aperio*「開く」から来ている）。4月4日には、マグナ・マテル（地母神——アジア的な信仰）を称えて宴が催される。その後にはパリリア祭もある。市内のいたるところで小さなかがり火がたかれ、ウェスタの巫女が調合した特別な粉をその火で燃やす。人々は、月桂樹の枝で自分の身体に水を振りかけてから、そのかがり火を3度飛び越える。そしてそのあと、みんなして野外で宴会をするのである。4月28

日から5月3日はフロラリア祭だ。この1週間には、開花と結実を祈って競技と競走がおこなわれる。性に関してとくべつ開放的になる期間なので、フロラリア祭にだれとも寝ないと言えば、それはまずまちがいなく、異性にもてないとか性的に不能という意味になる。

5月——春の収穫が気がかりなので、どの農園でも村でも「お祓い」がおこなわれる。行列を作って村の周囲や作物のまわりを歩き、ケレスに捧げる儀式をおこなうのだ。また政府が必要だと判断すれば、ローマ市民の人口調査はこの月におこなわれる。

6月——6月9日はウェスタリア祭だ。既婚女性はこの日、ウェスタ神殿の禁域に入って捧げ物をすることが許される。ウェスタの巫女が15日に聖域の清掃をするまでは、6月は縁起のよくない月である。にもかかわらず、イデスにはミネルウァ神殿でたいてい酒宴が開かれる。また24日には、奴隷や囚人も含めて全住民が、フォルトゥナ女神に犠牲を捧げる。ウァティカヌスの野の近くでおこなわれる儀式を見ようと、人々は大挙してローマ市の外に出て、それと同時に今年の新しいワインの味見をする。オウィディウスによれば、この日ばかりは酔って千鳥足で帰っても恥にはならないそうだ。

7月——6日から13日までのアポッロ競技祭では、スポーツや音楽や演劇の催しが開かれるが、それ以外は静かな月

である。

8月——多くの実業家が、月初めにはヘラクレスに犠牲を捧げる。捧げる動物の数はその人の財力を示すものであり、儲かっていないと思われたい実業家はいない。ヘラクレスに捧げられた牛は、神殿の境内ですぐに消費しなくてはならないと決まっているので、上等のステーキがただでどっさり配られる。13日はアウェンティヌス丘のディアナ神殿の祭があり、これも奴隷が休む日だ。理由はわからないが、女性はこの日に髪を洗うことになっている。21日には古いコンスス神の祭がある。興味深いことに、かつて戦車競走はその神殿のまわりでおこなわれていた。いまはキルクス・マクシムスでおこなわれるため、コンスス神殿はその中央分離帯に置かれている。コンスス神の祭はいまも祝われるが、戦車競走はそれが終わってから実施することになっている。

9月——祭はひとつだけだが、そのひとつがルディ・ロマニ（ローマ大祭）である。5日から19日まで続き、ほかのどんな催しより人が詰めかける。またイデスには、ユピテル神殿の壁に儀式のひとつとして釘が打ち込まれる。ぎっしり並ぶ釘の数をかぞえるのは観光客に人気の「お約束」になっており、いまその数は700を超えている。

10月——10月の馬（Equus October、エクウス・オクトベル）の祭が開催され、マルスの野（カンプス・マルティウス）で大規模な競馬がおこなわ

神殿の外で犠牲式がおこなわれている。司式する神官がトガの一部を頭にかぶっているのに注目。背景に大きな雄牛が見えるから、しばらく近くをうろうろしていれば、そのうち大きな分厚いステーキにありつけるかもしれない。

れる。市の街区ごとにべつべつの馬を応援するから、興奮のあまり乱闘が始まることもある。勝ち馬の1頭が犠牲に捧げられ、その血はウェスタの巫女のおこなう犠牲式に使われる。

11月――

平民競技祭があり、カピトリヌス丘からフォルムを通ってキルクスに向かう有名な行列が見られる。イデスには貴族たちが盛大な祝宴を開き、そのときには市の外ではほとんど名士の姿を見かけなくなる。だれがどこでだれと食事をするかで、翌年の社会的な序列が決まるのだ。

ローマ豆知識

†2月の名（Februarius）は、清めの儀式に使う *februum*（フェブルウム）という道具に由来する。

†5月に結婚するのは非常に縁起が悪いとされる。

†2月の「浄め」は教区の境界の確認・検分として2000年後の英国でもおこなわれている。

†4月1日、ふだんは男性専用の公衆浴場で女性が入浴し、よい伴侶に恵まれるようにフォルトゥナ・ウィリリス〔男性の心をつなぎとめる女神〕に祈りを捧げる。

†ローマの「10月の馬祭」に似た催しは（犠牲は捧げないが）、21世紀のイタリアのシエナでも「パリオ祭」としておこなわれている。

†有名なサビニ人女性の略奪〔建国直後のローマには女性が少なかったので、近隣のサビニ人を祭に招待し、やって来た女性たちを略奪して妻にした事件〕は、ロムルスの時代、コンスス祭のさいに起こった事件である。

12月——この月は、Bona Dea（ボナ・デア、善の女神）を祀る女性だけの祭で始まり、サトゥルナリア祭で終わる。サトゥルナリア祭では、まずフォルムで公開大宴会が開かれる。これは公開だからだれでも参加できる。店は閉まり、プレゼントが交換され、競技やパーティがあり、通りでおおっぴらに賭場が開かれる（ふだんは法律で禁じられているのだ）。人々は堅苦しい服を脱いで祭の服に着替え、派手な帽子をかぶる。家ごとに行事を取り仕切る司式役が選ばれ、この日だけは主人たちのほうが奴隷にかしずくことになっている。

第9章
見どころ

ローマ広場(フォルム・ロマヌム)、ティトゥスの凱旋門、
皇帝たちの広場、記念柱、
聖ペトロの墓、公衆浴場

　世界の都として、ローマは訪れる多くの人々にさまざまな顔を見せる。商売や政治に関わる人々にとっては、ローマは重要人物と知り合える場所だ。また、ローマの数多い神々のうち、ある特定の神の重要な神殿に参るためにやって来る人もいる。政府の用で来る人もいれば、たんに名高い都をこの目で見ようと訪れる人も多い。なにをし、なにを見るべきかは人によってさまざまだ――が、とりあえずここでは、初めてローマに来るなら見ておきたい場所をあげておこう。

ローマ広場(フォルム・ロマヌム)

　どんな人種にでも簡単に会える場所を教えよう。そこに行けば、悪いやつでもよい人でも、ちゃんとした人でも堕落したやつでも、望む相手にたちどころに会えるだろう。

――――プラウトゥス『クルクリオ（ゾウムシ）』第4幕第1場

ローマ広場は、パラティヌス丘とクィリナリス丘とウィミナリス丘のあいだにあり、端をエスクィリヌス丘に接している。かつては丘に囲まれたじめじめした湿地だったが、排水工事がおこなわれて以来、市の活動の中心として重要きわまる場所になり、たんに「フォルム」と言えばここをさすまでになった。ただしプラウトゥスのころとは様変わりしているし、共和政が終わってからはいささか重要性も低下している。成長する都のニーズに合わせて、歴代皇帝が次々に新たな広場(フォルム)を建設してきたからだ。とはいえ、人々はいまも、知り合いに会おうとこのフォルム・ロマヌムにやって来る。そして最新のうわさ話を仕入れたり、流しの芸人による即興の演し物を見物したり、有名な弁護士の演説を聞いたりするのだ。観光客にとっては、フォルムに行かなければローマを訪れたことにはならない。なにしろ、ローマの歴史的な大事件の多くが、この小さな谷間で起こっているのである。元老院議事堂の前に立ってみよう。そこは、傲慢王タルクィニウスが、キンキナトゥスが、大カトーが、ユリウス・カエサルが、キケロが、ネロが、そしてその他あらゆる名だたるローマ人が、この800年間に1度は立った場所なのだ。

ローマの大下水道クロアカ・マクシマは、フォルムで最初におこなわれた大規模工事であり、また多くの意味で最も重要な工事でもあった。この谷間は全体に湿地だったから、この下水道で排水するまではなにも建設できなかった

のだ。下水道が完成したのはエトルリア人の王の時代だが、それ以来フォルムではつねになにかが建設中である。最も新しい建築物は、セプティミウス・セウェルス帝〔在位193～211〕の凱旋門だ。できたてだからまだ石がぴかぴかしている。

　この凱旋門が立っているのは、古い〈Graecostasis（グラエコスタシス）〉の跡地である。元老院議事堂を出てすぐそこ、かつては外国の大使が、議事堂内に呼び入れられるまで待機する場所だった。これは偶然ではないが、ここはすばらしく眺めのよい場所で、フォルム、カピトリヌス丘、パラティヌス丘を一望にできる。したがって、元老院議員に面会するころにはローマの栄光をいやというほど思い知らされ、しかるべきへりくだった態度をとるようになっていたにちがいない。

　このセウェルス帝の凱旋門は、小アジアでパルティア帝国に勝利した記念に建てられたものだ。3つのアーチは完全に大理石で覆われ、それを飾る彫刻には、戦利品を積んだ荷車、帝国の無敵の軍隊、そしてパルティアを表わす巨大な人物が膝を屈するさまが描かれている。アーチのてっぺんには、凱旋行進の戦車に乗るセプティミウス・セウェルス帝の銅像が立ち、その両側を馬にまたがる騎士が固めている。銘文ではセウェルス帝の事蹟が語られているが、その末尾を飾るのは誇らしげなS.P.Q.R.の文字——Senatus Populusque Romanus（セナトゥス・ポプルスケ・ロマヌス）、「ローマの元老院と人民」の略——である。

　この凱旋門の前に立って、アウェンティヌス丘のほうを

向くと、右手にサトゥルヌス神殿、そのすぐ向こうにウェスパシアヌス神殿、そして手前に古いコンコルディア神殿が見える。このコンコルディア神殿は、ローマの身分間の調和を体現するものとして建てられたが、ふだんはなおざりにされているのに、暴動などが起こったあとにはしょっちゅうこれ見よがしに再建・改修されている。そこからほんの数歩先、ウルカヌスの祭壇のすぐ前に、覆いのかかった小さな井戸がある。これは *umbilicus urbis Romae*（ウンビリクス・ウルビス・ロマエ）、文字どおりには「ローマ市のへそ」という意味で、つまりここは、人類の5分の1が属する大帝国のど真ん中なのである（このあたりは大人気の観光スポットだから、その「人類の5分の1」のほとんどが集まっているような気がするほどだ）。

さて左手に目をやると、クリアすなわちローマの元老院議事堂がある。堂々たる青銅の扉を眺めよう。元老院議会が開かれているときには、この扉の周囲に若者が集まり、その近くにはかれらの家庭教師がたむろしている。この若者は元老院議員の息子たちで、ここに立って討論を傍聴するのは古くから続くかれらの特権なのである。だから、その大理石のベンチに座る順番が来たときには、もう元老院の慣習をすっかり呑み込んでいるというわけだ。

ロストラ——世界じゅうで「演壇（rostrum）」という語のもとになった——は、かつては元老院議事堂の前にあった。ここで、大カトーらはローマの群衆に向かって熱弁をふるったのだ。そしてまたここで、紀元前1世紀前半の政治的抗争や内戦の時期、有力な元老院議員の首がさらしも

のにされたのだ。ロストラはいまでは、セウェルス帝の凱旋門のすぐ前——ウルカヌスの祭壇と、パラティヌス丘の側面にあるユリウス公会堂(バシリカ・ユリア)のあいだ——に移されている。

新しいセウェルス帝の凱旋門のすぐそばには、小さな記念碑が立っている。ひじょうに古いものなので、いまでは地面になかば埋もれている。そのずんぐりした黒い石の柱(lapis niger、ラピス・ニゲル「黒い石」)にはラテン語で文字が刻まれているが、古いラテン語なのでいまのローマ人には読むことができない。しかし伝承によれば、この柱が立っているのは、ローマの建国者ロムルスが生きながら天にあげられた場所だという(あるいは、ここで元老院議員たちに殺されたのだとも言われている。議員らは、遺体をばらばらにして少しずつトガに隠して持ち去ったのだと。ロムルスの謎の失踪については、その理由を説明するふた通りの伝承があるというわけだ)。

群衆に混じって聖なる道(ウィア・サクラ)を歩いていくと、馬にまたがる

拿捕されたカルタゴの艦船は、ローマの港に曳航されて一部は焼かれた。その舳先(rostra「ロストラ」)をフォルムの演壇に飾ることに決まり、それでその演壇は「ロストラ」と呼ばれるようになった。
　　　　　　　——リウィウス『ローマの歴史』8・14

バシリカ・ユリアで、[弁護士トラカルスが]初めて法廷演説に立ったときのことを私は憶えている。いつものとおり、4組の裁判官もまた協議に入っており、バシリカ内は騒然としていた。
　　　　　　　——クィンティリアヌス『弁論家の教育(インスティトゥティオ・オラトリア)』12・5

フォルム・ロマヌムのパラティヌス丘側の眺め。カピトリヌス丘のほうをふり返って見ているところ。

騎手を描いた、*Lacus Curtius*（ラクス・クルティウス、「クルティウスの穴」）と呼ばれる浅浮き彫りが見られる。伝説によると、まだローマが王を戴いていたころ、フォルムにぽっかりと穴があいてしまった。これは凶兆と見なされたが、クルティウスという若者がわが身を犠牲にしてローマを救った。彼が軍馬にまたがって飛び込むと、穴はひとりでにふさがったのだ。しかし自国の歴史に明るいローマ人なら、声をひそめてもっと説得力のある（あまり劇的ではないが）話を教えてくれるだろう。ここは、前5世紀のクルティウスというコンスルによって立入禁止にされた場所なのだ。ユピテルがくりかえし雷を落として、ここはわがものであると要求したからである。ここらでぶらぶらしている連中は、プラウトゥスに言わせると……

第9章 見どころ

……厚かましくて底意地の悪いうぬぼれ屋で、これといった理由もなく、恥知らずにも他人の悪口を言いふらす。言いふらしているその当人にこそ、いくらでも悪口のたねはあるし、それも悪口というより事実なのだ。
　　　——プラウトゥス『クルクリオ（ゾウムシ）』第4幕第1場

　騎馬のドミティアヌス像の真横まで来るころには、フォルムがいまも行政の中枢だということがわかってくる。ほぼ通り過ぎたにもかかわらず、右手のバシリカ・ユリアからは裁判の喧騒が聞こえてくるし、左手にはアエミリウス公会堂（バシリカ・アエミリア）も迫ってくる。
　このあたりを歩いている人々を眺めて、いまもプラウトゥスの言葉が正しいか考えてみよう。

　嘘つきやほら吹きを見たければ、クロアキナ神殿［バシリカ・アエミリアの前にある］に行けばいい。裕福な浪費家の亭主どもなら、バシリカのまわりを探すことだ。またくたびれた売春婦やその客どもも見られる。客はいつものくせで、さらに値切ろうとしているだろう。
　　　——プラウトゥス『クルクリオ（ゾウムシ）』第4幕第1場

　聖なる道（ウイア・サクラ）とエトルリア通り（ウイクス・トゥスクス）——パラティヌス丘の皇帝の宮殿に続く道——とが交わる角（かど）に、カストルとポルックス神殿がある（「カストル神殿の裏にまわると、つらい人生を確実かつたちどころに終わらせてくれる人に会える」とプラウトゥスは警告している）。

レギア〔もともとは王の住居の意〕、すなわち共和政時代の大神官(ポンティフェクス・マクシムス)の住居はこの角にある。ここにはかつてユリウス・カエサルも住んでいた。ポンティフェクス・マクシムスは

ウェヌスとローマ神殿を描いた硬貨

ウェスタの巫女の監督であり、巫女たちの神殿と居館はレギアのすぐ向こう、パラティヌス丘の側にある。左手には、さらにふたつ神殿がある。ひとつはアントニヌスとファウスティナ神殿、もうひとつはやや小ぶりのロムルス神殿だ。このロムルス神殿の周囲には、ローマ建国以前にさかのぼる墓もある。

ここから先は上り坂になっており、その坂のうえからフォルムを見おろしているのが堂々たるウェヌスとローマ神殿だ。さらにその向こうには、巨大なコロッセウムがそびえている。

ティトゥスの凱旋門

ティトゥスの凱旋門は、フォルムとコロッセウムのあいだにあり、そのアーチの下を通る道は両者を行き来する人でいっぱいだ。それでも、その人間の波に逆らい、立ち止まってじっくり眺める価値はある。ローマ市のあちこちに凱旋門は20ほどもあるが、そのなかでもこれはとくにみごとな門なのだ。凱旋門はとりわけローマ的な建築物であり、そのひとつひとつがとくべつ華々しい軍事的勝利

> ローマの元老院および人民は、神皇ウェスパシアヌスの子、神皇ティトゥス・ウェスパシアヌス・アウグストゥスにこの凱旋門を献納する
> ——ティトゥスの凱旋門の銘文

の記念碑だ。なおティトゥスの凱旋門は、後70年のユダヤ人の反乱を鎮圧した記念に建てられたものである。

　ティトゥス〔在位79〜81〕が指揮したのはこの戦役の後半だけだ。父ウェスパシアヌス〔在位69〜79〕がこの仕事は彼に任せて、自分はローマ帝国全土——68年にネロ帝が死んでから大混乱に陥っていた——を征服しに行ったからである。この凱旋門は、指揮官としての最初の成功に対するティトゥスの喜びを記念すると同時に、ティトゥスの死後にこれを完成させた弟ドミティアヌス〔在位81〜96〕が、兄をしのんで建てたものでもある。アーチの浅浮彫りには、ティトゥスの凱旋行進で誇示された戦利品が描かれているが、イェルサレム神殿の7枝の燭台や銀のらっぱもそのなかに見える。それと向かい合う場面には、凱旋の戦車に乗るティトゥスが描かれている。有翼の勝利の女神がその頭上に花綱の冠をかかげ、馬を先導するアマゾネスはローマの擬人化だ。これらの浮彫りは、アーチ内側てっぺんの花

模様とともに鮮やかに彩色されていて、一部には金箔も張られている。そのため、光と影のいたずらでまるで動いているように見える。

　ティトゥスの凱旋門の位置は周到に計算されている。コロッセウムのほうから近づいてくると、クリアなどのフォルムの主要な建築物が、凱旋門のアーチにすっぽり包まれているように見える。皇帝の権威が、共和国の栄光を完全に包含していることを示しているのだ。

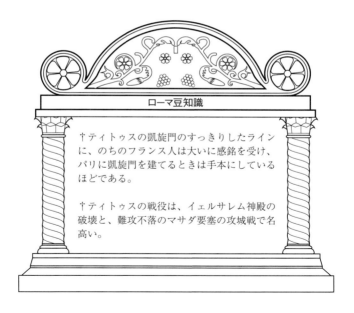

ローマ豆知識

†ティトゥスの凱旋門のすっきりしたラインに、のちのフランス人は大いに感銘を受け、パリに凱旋門を建てるときは手本にしているほどである。

†ティトゥスの戦役は、イェルサレム神殿の破壊と、難攻不落のマサダ要塞の攻城戦で名高い。

皇帝たちの広場

ユリウス・カエサルの時代以来、市内のどこかに新たな広場(フォルム)を置かなければ皇帝にはローマを統治できないかのようだ。これらのフォルムは、いっぽうをクィリナリス丘とウィミナリス丘、もういっぽうをフォルム・ロマヌムにはさまれた地域に集中している。

前50年代後半に始まったカエサルのフォルム建設では、まだ石の1個も積まないうちから莫大な費用がかかった。着工する前に、きわめて高額の個人の邸宅1万2000平米ぶんを大枚はたいて購入し、建物を取り壊さなくてはならなかったからだ。細長い長方形のフォルムは、周囲に柱廊をめぐらし、いっぽうの端にはカエサルの建てた生みの親ウェヌス神殿(ウェヌス・ゲネトリクス)がそびえている。この神殿は、アエネアスの母にしてユルス〔ユリウス氏族の伝説上の祖〕の祖母たる女神ウェヌスを通じて、カエサルの一族が神の血を引いていることを、かなり露骨にほのめかしているのだ。この華麗に装飾された神殿の屋根の下、美術好きならみごとな美術品のコレクションを見てまわろう。カエサルの趣味のよさには文句のつけようもない。

その美術品のなかには、軍服に身を固めた独裁官カエサルの立派な大理石像があり、またカエサルのかつての愛人、

いまフォルムの並ぶここは、かつては深い沼地であり、河から逆流する水でいっぱいのどぶ同然だったのだ。
　　　　——オウィディウス『祭歴(Fasti)』6・401〜2

エジプトのクレオパトラの金箔張りの像もある。この像のクレオパトラはじつのところ、ギリシャふうの顔だちに大きな鼻をした女性である。クレオパトラの魅力はたんに肉体的なものではなかったのだ。

このフォルムの最大の美点は、おそらくその噴水だろう。暑い夏の日には、風下で水しぶきを浴びて涼みながら、噴水を飾る新アッティカ派様式の彫刻を観賞するといい。薄着の精霊(ニンフ)たちの優美な曲線を堪能しよう。

カエサルはウェヌスの神殿を建てたが、彼の養子であるアウグストゥスは、マルス・ウルトル——復讐者マルス——の神殿を建てている。アウグストゥスの守護神はアポッロだったが（アウグストゥスのフォルムには象牙のアポッロ像がある）、アウグストゥスが強調したかったのは、暗殺されたカエサルの報復を果たした（そのついでに、ちゃっかり最高権力をつかみとっているが）ことだったのだ。

この神殿の神官たちは、このフォルムの興味深い特長を2つあげている。ひとつは、この神殿およびフォルム・ロ

> カエサルは、パルサロスの戦いの前に立てた誓いを守り、ウェヌス・ゲネトリクス神殿を建設した。……その女神像のわきに、彼は美しいクレオパトラの像をすえた。それは今日もそこに立っている。　　——アッピアノス『内乱記』2・102

> わが国のすぐれた建築物のうちに、……アウグストゥスのフォルムを数えるべきではないだろうか。
> 　　　　　　　　　　　——プリニウス『博物誌』36・24

マヌムの多くの部分を保護するために、アウグストゥスがスブラ地区側に大きな防火壁を築いたことだ（アウグストゥスのフォルムは、カエサルのフォルムとスブラ地区のあいだにある。この防火壁はまた、人口の多いこの地区からの騒音をいくらかやわらげる役目も果たしている）。そしてもうひとつは、このフォルムがきれいな方形をしていないことだ。すみにあった住宅の持主がどうしても売ろうとしなかったため、共和政の健在ぶりを強調したかったアウグストゥスは、その邪魔な住宅を没収しないことにしたのである。

このフォルムにはユリウス・カエサルの剣が展示されていて、その周囲にはよく人々が集まってぽかんと見とれている。また、数多くの彫像や美術品に混じって、ギリシャの偉大な画家アペレスの絵も2枚飾られている。

い ちばん東よりのウェスパシアヌスのフォルムは、聖なる道（ウィア・サクラ）のすぐそばにある。「平和のフォルム」と呼ばれることがあるが、それは平和の女神を祀った大きな神殿がそびえているからだ。ユダヤ史の研究者には、ここはとくべつ興味深いだろう。この神殿はさながら博物館で、後70年の反乱のさいにユダヤから略奪された宝物や遺物がぎっしり詰まっているのだ。

ネルウァ〔在位96〜98〕のフォルムは、ドミティアヌス〔在位81〜96〕のフォルムになるはずが、完成前にこの不人気な皇帝が暗殺されたためにネルウァのフォルムになった。ドミティアヌスはフォルムの神殿に自分の好みでミネルウァ女神を祀ったが、後継者ネルウァは神を取り替えてその

ローマ豆知識

†セウェルス帝が凱旋門を建てたのは、ひとつには凱旋行進ができなかったからだった。痛風のために身体が不自由で、戦車に立てなかったのだ。

†カエサルがレギアに住んでいたころ、12月のボナ・デア女神の祭のさいに、クロディウスという無鉄砲な若い男がそこへ忍び込み、カエサルの妻と密通したと噂になった。それがもとで、カエサルは妻を離縁している。

†権力を掌握したマルクス・アントニウスは、毒舌で攻撃されたことへの報復として、キケロを殺して首と右手を切らせ、ロストラでさらしものにした。

不興を買う気はなかったので、神殿はそのまま残された。コリント様式の美しい建物だが、クィリナリス丘からフォルム・ロマヌムに向かう人通りで、その静謐な美は完全に台無しにされている。この2か所を結ぶ主要な道路が、神殿の前庭を通っているからだ。

　クィリナリス丘のふもとにもフォルムはある。皇帝のフォルムのうちで最も北にあり、最も壮大で最もにぎやかな、トラヤヌスのフォルムだ。設計したのは、トラヤヌス帝〔在位98〜117〕のひいきの建築家アポッロドロス（ハドリアヌス帝の手にかかって非業の最期を遂げた。前章参照）だ。彼はクィリナリス丘の斜面を大きく削って、広大な（約300×85メートル）行政および商業の中心地を生み出している。フォルムの一部は市場になっていて、近くのせわしないスブラ地区の需要を満たしている（第5章「ショッピング」参照）ほか、法廷や図書館も備わっている。図書館は多層階の建物で、タブラリウムに次いで二番めに重要な公文書館であり、喧騒のフォルムを見おろす涼しく静かな避難所になっている。図書館の1棟にはギリシャ語の文献、もう1棟にはラテン語の文献を収めるが、本や巻物は壁の凹所の棚にきちんと保管されている。図書館の奥には巨大なトラヤヌス神殿があり、その壮麗さを見るにつけ、帝国のいやます権力と富の大きさを思い知らされる。

記念柱

トラヤヌス記念柱——トラヤヌスのフォルムの主役は、この巨大な柱だ。ほかの観光客とともにその石の台

座に群がる前に、敬意をもってしばし立ち止まろう。というのも、この柱はじつは墓標なのである。台座の北側の小室にはトラヤヌスの遺灰が納めてあるし、柱のてっぺんには彼の彫像が立っている（この像は、中世にはいつのまにか消えて、聖ペトロの像に置き換わっていた）。

トラヤヌス記念柱を描いた硬貨

　全長200メートルの装飾帯(フリーズ)がらせん状に柱をのぼり、トラヤヌスのダキア戦争のもようが描き出されている。このフリーズはほどいた巻物を表わしており、この柱がギリシャ語とラテン語の図書館のあいだに立っていることを思い出させてくれる。観光客の多くは、ギリシャやローマの文献に関心がなくても図書館に立ち寄る。その目的はただひとつ、上の階から柱の浮彫りを眺めることだ。この浮彫りは、トラヤヌスの執筆した戦記（残念ながら後世に失われる）に対応する、絵画による二重唱のようなものだ。戦争と戦争にはさまれた時期（後101〜102、および105〜106）は、盾に文字を書く勝利の女神の像で表現されている。このフリーズにトラヤヌスは60回登場する。攻城戦や交渉や戦闘の様子、河を渡ったり騎馬で行動していたりするさまが、連続する場面で描かれているのだ。古代の記念碑のうち、これほどローマ軍の戦争法がくわしく読みとれるものはほかにない。

マルクス・アウレリウス記念柱──カピトリヌス丘から北に向かい、パンテオンを左に見て早足で15分ほど歩くと、トラヤヌス記念柱にそっくりの柱が見えてくる。これもそれだけで見る価値がある。この柱は、哲人皇帝マルクス・アウレリウス〔在位161〜180〕を記念して後190年ごろに建てられたものだ。

　ローマ人が断言するところでは、マルクス・アウレリウス帝はローマ史上最高の名君のひとりである。そしてそれと同じように、彼の息子のコンモドゥス〔在位180〜192〕──つい最近暗殺され、ひどく憎まれていた──は最悪の暗君のひとりだ。この記念柱は実際にはコンモドゥスが建てたもので、ゲルマン人やサルマティア人（黒海地域にすむ騎馬戦士の民族）に対するマルクス・アウレリウス帝の戦争の記念碑である。トラヤヌス記念柱と同じく、盾に文字を書く勝利の女神の浮彫りによって2部に分けられている。

　記念柱を見た仕上げに、この記念碑の管理人アドラストゥスの家を見ておこう。柱礎の銘文によると、この柱を建造するさいに足場に使われた材木で、彼は自分の家を建てる許可を与えられたのである。

　そして彼のフォルムに、［トラヤヌスは］長大な柱を立てた。ひとつには彼自身の埋葬場所として、またもうひとつにはフォルム建設の偉業を誇るためである。柱を立てた場所は小高く盛りあがっていたのだが、トラヤヌスは柱の高さと同じだけ土地を掘り下げて平らにした。
　　　　　──カッシウス・ディオ『ローマ史』68・16

ローマ豆知識

†トラヤヌス記念柱は、ローマ式フィートでは高さ100フィート(現代式なら97フィート〔約30メートル〕)。巨大な円柱形の大理石19個を積んで造られている。

†マルクス・アウレリウス記念柱に描かれた事件のひとつに、にわか雨に救われた第12軍団の話がある。敵軍に包囲され、飲料水が底をついて降伏やむなしというところで土砂降りの雨が降ったのだ。

この記念柱には3人の皇帝が描かれている。当時の皇帝マルクス・アウレリウス、その息子で帝位継承者のコンモドゥス、そしてコンモドゥスのあとを襲ったペルティナクス将軍だ。

聖ペトロの墓

ローマの北西にあるウァティカヌス丘は、かなりじめじめした陰気な場所だ。魔女が住んでいると言われており、主としてレンガを焼く材料の粘土をとる場所になっている。ここへ行くには、ローマ市内からネロのキルク

スに向かうとよい。このキルクスはガイウス・カリグラが着工したものだが、趣味の戦車競走を練習する場所として、ネロが個人的に使っていた。一般に開放されたのはごく一時期、ローマの大火の直後のことで、現在は使用されていない。

ネロがこのキルクスを開放したのは戦車競走のためではなく、キリスト教徒の公開処刑のためだった。キリスト教徒たちは、ローマを広い範囲にわたって焼け野原にした大火の責任を負わされたのだ。歴史家のタキトゥスによると、獣の皮をかぶせられて獰猛な犬に噛みちぎられた者もいれば、タールと蠟を塗られて火刑に処せられた者、また十字架にかけられた者もいた。2年後にここで十字架にかけられたのが、ローマのキリスト教会の指導者、聖ペトロである。伝承によれば、*inter duas metas*（インテル・ドゥアス・メタス、「2つの折り返し標識のあいだ」）、つまり競走路の中央分離帯で処刑されたという。これがほんとうなら、名高いオベリスクのそばで亡くなったわけだ。このオベリスクはのちに、このキルクスから数百メートル離れた場所に移された。そしてその後はずっと、大聖堂——この聖人の墓のうえに築かれる——の前に立ちつづけることになる。

Liber Pontificalis（リベル・ポンティフィカリス、『教皇の書』）は、最初期のキリスト教の伝承に基づいて書かれた本だが、それによると、ペトロは「ネロのキルクスのそば」に葬られた。アウレリア街道とトリウムパリス街道のあいだ、十字架にかけられた場所のそばである。ペトロの墓が作られたのは、あるキリスト教徒の所有する土地であ

ったとも、キルクスから道を隔ててすぐそこの、もともと死体を棄てるのに使われている場所だったとも言われている。ローマ人は、その人が生前にどんな人間だったとしても、死後に墓を荒らすことはめったにないから、ペトロの埋葬場所は秘密にされてはいなかった。それどころか、埋葬されたその日にはもう、巡礼が訪れる場所になっていたぐらいだ。

聖人の亡骸は石棺に横たえられて、小さな地下埋葬所に安置されているが、いまその周辺には、できるだけ聖人の近くに葬られたいと望む人々の墓がぎっしり並んでいる。

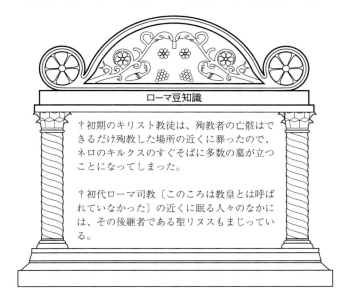

ローマ豆知識

†初期のキリスト教徒は、殉教者の亡骸はできるだけ殉教した場所の近くに葬ったので、ネロのキルクスのすぐそばに多数の墓が立つことになってしまった。

†初代ローマ司教〔このころは教皇とは呼ばれていなかった〕の近くに眠る人々のなかには、その後継者である聖リヌスもまじっている。

最近では、この埋葬地は聖ペトロの戦勝記念碑(トロパイオン)と呼ばれているほどだ。彼がローマにもたらした宗教のその後の影響力のわりに、ペトロの墓はかなり貧相でぱっとしない。切妻屋根が墓所を覆い、側面の壁は真っ赤に塗られていてすぐ見分けがつく。献身的な墓守にとっては頭の痛いことに、この壁にはしょっちゅうペトロのとりなしを願う落書がされている。安息の場所を汚しておいて、聖人が願いを聞いてくれるとどうして思えるのだろうか。

公衆浴場

ほかに例を見ないローマ文化の美点といえば、それは公衆浴場だ。軍営がずっと腰をすえる気だとわかる最初の徴候は、浴場が作られることである。そして文明の中心に近づけば近づくほど、浴場は大きく豪華になっていき、そして最高の浴場はローマ市内にある。浴場にはかならず、温風で暖められた脱衣場（*apodyterium*、アポデュテリウム）があり、温浴室（*tepidarium*、テピダリウム）、熱気と熱い湯を楽しむ熱浴室（*caldarium*、カルダリウム）、そして熱でゆるんだ心身を引き締める冷浴室（*frigidarium*、フリギダリウム）が備わっている。ローマ人にとって、浴場はたんに身体を洗う場所ではない。午後いっぱいそこで過ごして、付属の施設で遊んだり、古い友人とうわさ話をしたり、新しい友人を作ったりする場所なのだ。哲学者のセネカは、そういう社交の場に入り浸ることにあまり乗り気ではなかったが、ともあれ彼の見るところ、浴場はこんな場所だった。

その騒々しさたるや、耳が聴こえなければよいのにと思うほどです。筋骨たくましい若者が、鉛の重りを持ちあげては荒い息をついたりうなったりし、マッサージ師の手がその肩をぴしゃぴしゃ叩いています。そこへ球技をしたあとの連中がやって来て、声高に点数を言いあいます──たいてい、このへんで私は我慢の限界です。それなのに、思いきり浴槽に飛び込んで盛大にしぶきを飛ばすやからもいます。これでもまだ、あの騒々しさはとうてい伝えきれません。少なくともこういう人たちが発するのはふつうの声です。かれらのほかに、脱毛屋などは客を求めて大声を張りあげますし、やっと黙ったと思ったら、今度はだれかの腋毛を抜いて、さらに大きな悲鳴をあげさせる始末です。ほかにも飲物売りだのソーセージ売りだの、ありとあらゆる呼び売りがいて、それぞれ独特の売り声を張りあげているのです。
　　　　　　　──セネカ『ルキリウスへの手紙』56

　こういう高尚な施設に敬意を表して、ここでは年代順に見ていくことをお勧めしよう。

アグリッパ浴場

──マルス（カンプス・マルティウス）の野にあるこの浴場は、ローマ最古の公衆浴場だ。前25年の開業だが、前19年にウィルゴ水道が完成してから初めてフル操業にこぎつけた。アグリッパが建設させたもうひとつの施設、すなわちパンテオンのそばにあり、パンテオンと同じく、ハドリアヌス帝によって大幅に改修されている。この浴場は後世のそれにくらべると小ぶりで（それでも面積は1000平米ほど）、また娯楽設備もさほど整っていない。ドイツのトリーアの公

衆浴場は、これよりずっと大きいし時代もくだる〔後4世紀〕が、設計はかなりよく似ている。熱浴室のフレスコ画は一見の価値があるし、全体に無数の美術品で飾られていて、絵画のほか、リュシッポス作の名高いアポクシュオメノス〔汗や埃を搔き落とす競技者〕像がある。マルスの野にあるから、ここは混んでいることが多い。訓練や競技や乗馬を終えたばかりの男たちが、大騒ぎしながら真っ先に立ち寄る場所なのだ。

ネロ浴場

——「ああ……ネロほど悪しきものが、またネロの浴場ほどよきものがあろうか」。詩人のマルティアリスはある日の午後、ここでくつろぎながらそう嘆息している。耽美派に人気のこの浴場は、ネロの治世〔後54〜68〕の後期に建設されたもので、アグリッパの浴場のそばにあり、おかげでこのあたりの住人はローマ一清潔だ。アグリッパの設計をいくらか変更して、この浴場では北側の中央にフリギダリウムを、それとカルダリウムのあいだにテピダリウムを置いている。この浴場は建築としてもすばらしく、豪華な装飾がほどこされている。中央広間の東西の側面には大きな柱廊中庭があり、そこを散策しつつ、カルダリウムの両側にある4つの脱衣所兼ラウンジのひとつを選んで利用しよう。屋内運動場も備わっている（常設の施設としてはローマで初めて）から、天気が悪いときでも運動して汗を流すことができる。ネロのアイデアはのちの設計にも採り入れられ、そういうわけで公衆浴場はいま、ローマのレジャーセンターとしての役割を果たしているのだ。

ティトゥス浴場——この浴場もまたネロが造った、といっても直接造ったわけではない。ネロの壮麗な黄金宮はこの暴君が倒されてから使われていなかったが、ティトゥス帝〔在位79～81〕はそれを利用してこの浴場を建設したのだ。後81年に完成、コロッセウムのそばにあり、入場料は1アスだ。ほかの浴場より小さいが、ネロふうの頽廃を愛好する人々には大いに受けている。

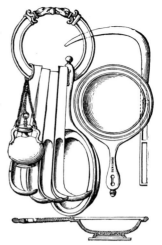

入浴道具

トラヤヌス浴場——トラヤヌスのフォルムを設計した、アポッロドロスの作品。エスクィリヌス丘の火災のあとの後104年、ネロが個人的に使うために引いていた水をもっと有効利用しようと、トラヤヌス帝は公衆浴場を造った。トラヤヌス帝の計画はすべてそうだが、これもその規模は壮大である。浴室はそれぞれ庭園つきで、運動施設だけでなく図書館にも囲まれている。*Mens sana in corpore sano*（メンス・サナ・イン・コルポレ・サノ「健全な魂は健全な肉体に宿る」）というわけだ！

ローマ豆知識

†トラヤヌス浴場は、その面積およそ10万平米に達し、1000人以上の客が同時に利用していることも珍しくない。大浴場の浴槽は、その容積なんと200万ガロン〔約9000立方メートル。ちなみにオリンピックプールの容積は2500立方メートルとされる〕である。

わが国の過去の慣習を研究している人々によると、腕や脚は毎日洗ったが……全身を洗うのは月にたった3度だったそうです。　　　　　　——セネカ『ルキリウスへの手紙』86

第10章
ローマを歩く

パラティヌス丘、
ティベリス河のほとり、マルスの野

　ローマを歩くのは大きな喜びとは言いがたい。同じことをしている人がおおぜいいるからだ。時刻によっては大通りは身動きもとれないほど混雑しているし、だからといって脇道にそれたら危険が待ち構えている。

　細くくねくねした道で、進む荷車と横切る荷車が出くわし、どちらも立ち往生して牛追いの罵倒競争が始まる。……どんなに急ごうとしても、行く手を人の大波にふさがれ、後ろからはぎっしり詰めかけた人群れに押される。こちらの男にはひじをぶつけられ、べつの男には輿の固い梶棒でつつかれる。頭に板をぶつけられたと思ったら、続けてワインの樽に同じところをぶつける。脚は泥だらけになるし［それがほんとうに泥なら運がいい］、たちまち大きな足に四方八方から足を踏まれるし、兵士の長靴に打たれた鋲釘がつまさきに突き刺

第10章　ローマを歩く　　243

さる。　　——ユウェナリス『風刺詩』3・236〜7、243〜8

　しかし、静かな時刻を選べば、レンガは陽光を浴びて蜂蜜色に輝き、赤い瓦屋根に鳩が群がり、ローマは魔法のように美しい顔を見せるだろう。

パラティヌス丘

　最初に歩くのはパラティヌス丘だ。いまも建設中の建物があるかと思えば、伝説のローマ建国時代にさかのぼる建物もある。パラティヌス丘は皇帝そのひとの住まう地だから、疑り深い衛兵に何度か呼び止められるだろう。そのときのために、ここにやって来た理由をしっかり説明できるようにしておこう。たとえば宗教的情熱に駆られて、と言ってもよい。パラティヌスには数多くの神殿があるからだ。それどころか、ロムルスとレムスが生まれる前から信仰対象だった場所もあるほどだ。

　まずはティトゥスの凱旋門を背にして、クリウス・パラティヌスという古い坂道をたどり、パラティヌス丘の北側斜面を登ろう。この道は、宮廷に向かう廷臣たちや嘆願者のほか、契約をとろうとする商人、すでに宮殿に商品を供給している貿易商などでごったがえしている。最初の目印は、ネロの造ったクリュプトポルティクスだ。クリュプトポルティクスというのは、玄関に通じる前通路で、半地下にあって真夏でも涼しい。暴君ネロのギャラリーはスタッコで贅沢に装飾されており、ネロはこれを使って丘をくだり、ふもとの黄金宮（コロッセウムを造るために取り壊され

た〕に快適に移動していたわけだ。このクリュプトポルティクスまで来たら、パラティヌス丘に広がる壮大な宮殿の最初の部分、ティベリウス宮(ドムス・ティベリアナ)へ向かおう。丘の西側のかなりの部分を占領している建物だ。カリグラ帝〔在位37～41〕による拡張のおかげで、カストルとポルックス神殿の近くでフォルムに接するほどになっている。

　ドムス・ティベリアナを過ぎると、地母神(マグナ・マテル)神殿がある。ここにいたる道は、ローマのひじょうに古い部分を通っている。なんと、ロムヌスそのひとの小屋があるのだ。藁葺き屋根と泥の壁でできた粗末な小屋で、帝国の華麗のただなかにあって完全に作りものめいて見えるだろう。しかし後世の発掘調査でわかったところでは、紀元前8世紀、つまりロムルスが妻ヘルシリアとともにパルティヌス丘に住んでいたと言われるころに、ここには実際に集落があったのである。

　マグナ・マテル神殿は、オークの林のなか、高い基壇のうえに建っている。神体は大きな黒い石（おそらく隕石だろう）だが、これは前204年、ハンニバル戦争のさなかに東方からローマへ持ってこられたものだ。この女神を称えておこなわれるメガレシア競技祭では、神殿と向かい合う台のうえで演劇や運動競技がおこなわれる。*galli*（ガッリ

　カリグラは、この兄弟神［カストルとポルックス］の神殿を自分の館の前庭に変えてしまったが、しばしばその兄弟神のあいだに腰をおろし、この神殿を訪れる者の前に姿を現わして拝ませようとした。　　──スエトニウス『カリグラ伝』22

第10章　ローマを歩く　　245

イ）と呼ばれるこの女神の信者に、ローマ人は興味と嫌悪感をこもごも抱いている。去勢して女物の衣装や装飾品を身に着けているのだ。この女神の密儀では、信者は恍惚として苦痛を感じなくなると言われている（これは去勢のさいにはありがたいだろう）。

　丘の中心部には、アウグストゥス宮(ドムス・アウグスタナ)がある。かつてアウグストゥス帝が住んでいた建物だ。アウグストゥス以前にも、このパラティヌス丘にはローマの多くの名家が居を構えていた。キケロやマルクス・アントニウスも住んでいたし、ティベリウス帝〔在位14〜37〕は前42年にこの丘のうえで生まれている。しかし、アウグストゥスは絶えず宮殿や神殿を拡張していったため、パラティヌス丘はしだいに皇帝専用のようになってきた。神殿には、たとえば白大理石と黄金と象牙の扉に輝くアポッロ神殿があるが、その内部には宝物や貴重な彫像——たとえばティモテウスのディアナ（アルテミス）像、堂々たるスコパスのアポッロ像など——が詰まっている。このアポッロ神殿は、アウグストゥスの宮殿にしっかり組み込まれている。実際、彼は好んで宮殿内の私的な書斎に引っ込んでいたが、そこからはこの神殿も、またキルクス・マクシムスもよく見えるのだ。

　アウグストゥス宮は、ドミティアヌス帝〔在位81〜96〕によって大きく改造された。ドミティアヌス帝はあまりにも不人気だったため、柱廊の柱にぴかぴかに磨いた石の鏡をとりつけて、背後から忍び寄る暗殺者をすぐに見つけられるようにしていた（が、あまり役に立たなかったようで、96年に暗殺されている）。アウグストゥス宮の少し先に、そ

の妻リウィアの独立の居館がある。この館にあったと言われる美しいフレスコ画は、2000年ののちにもローマの美術館で見ることができる。

　丘の西側には、この大規模な宮殿のより新しい部分がある。柱廊に囲まれて中央には噴水があり、いくつもの小さな庭園は勤勉な奴隷に手入れされ、大理石の廊下は貴重な彫像で飾られ、小ぶりの建物のレンガ壁は、海の景色や神話の場面を描いたフレスコ画で埋もれている。宮廷の役人たちは粘土板を持って走りまわり、着飾った貴族が仲間とささやきあいながら小馬鹿にして眺める先で、嘆願者たちは皇帝の御前に呼び込まれるのをそわそわと待っている。

　これらの嘆願者たちが神たる皇帝に謁見する場所がバシリカで、そこには巨大な彫像がずらりと並び、いっぽうの端の高い段のうえに皇帝の玉座がある。もう少し皇帝と親しくなると朝議の間（同じくこのバシリカにある）でお目にかかるか、公式の晩餐の間、すなわち *coenatio Iovis*（コエナティオ・ヨウィス、「ユピテルの食堂」の意）で食事をともにすることになる。

　宮殿をあとにして歩いていくと、柱廊に囲まれた広い中庭があり、小さな神殿がある。これはドミティアヌス帝が守護神ミネルウァを祀った神殿だ。その先ではずっと長い壁にそって歩いていくことになるが、この壁の向こうにあるのは、洗練された、異例なほど守りの固い庭園だ。皇帝が比較的気ままにくつろげる場所である（のちに、シリア出身の皇帝エラガバルスがいっぷう変わった快楽にふけるのはたぶんここだろう）。

第10章　ローマを歩く

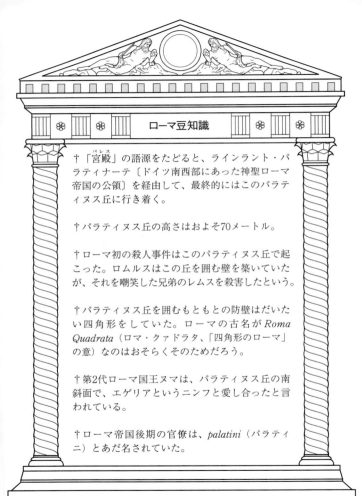

ローマ豆知識

† 「宮殿(パレス)」の語源をたどると、ラインラント・パラティナーテ〔ドイツ南西部にあった神聖ローマ帝国の公領〕を経由して、最終的にはこのパラティヌス丘に行き着く。

† パラティヌス丘の高さはおよそ70メートル。

† ローマ初の殺人事件はこのパラティヌス丘で起こった。ロムルスはこの丘を囲む壁を築いていたが、それを嘲笑した兄弟のレムスを殺害したという。

† パラティヌス丘を囲むもともとの防壁はだいたい四角形をしていた。ローマの古名が *Roma Quadrata*（ロマ・クァドラタ、「四角形のローマ」の意）なのはおそらくそのためだろう。

† 第2代ローマ国王ヌマは、パラティヌス丘の南斜面で、エゲリアというニンフと愛し合ったと言われている。

† ローマ帝国後期の官僚は、*palatini*（パラティニ）とあだ名されていた。

このあたりで東に折れなくてはならない。巨大な人工高台(テラス)の工事が進んでいるからだ。キルクス・マクシムスを見おろすこのテラスは、皇帝が外へ出ずに戦車競走の興奮を味わえるように築かれているのだ。

丘をくだる途中でも、まだ建設工事が進んでいる。ここではリウィアの浴場が増築中で、さらに浴場が増えることになっているのだ。パラティヌス丘散策は、クラウディア水道橋のアーチの下で終わる。これで大きな円をほぼ一周した形だ。いまではコロッセウムが左手に、キルクス・マクシムスが右手後方にある。ここから少し歩けばフォルム・ボアリウムだから、ティベリス河畔散策はそこから出発しよう。

ティベリス河のほとり

出発点は〈Forum Boarium（牛市場(フォルム・ボアリウム)）〉と呼ばれるにぎやかな市場だ。音やにおいですでに明らかだと思うが、青銅の雄牛像からもわかるとおり、ここはローマ第一の牛市場で、フォルムとクリウス・ププリキウス（「ププリキウスの坂道」の意）のあいだにある。この道はアウェンティヌス丘からのびる主要な道路で、しかもパラティヌス丘の南や、キルクス・マクシムスのある谷間から来

[エラガバルスは]とくべつ美しい女たちに引き具をつけ、小さな一輪車につなぎ……このように全裸でその車を乗りまわし、女たちもまた全裸でそれを引っ張った。
　　——作者不詳『ヒストリア・アウグスタ』エラガバルス伝29・2

る人も通るので、いつも混雑している。市場の河沿いには四角形の防潮堤があって、エンポリウム（河港）の船着場を保護している。ここは、オスティア港から来るはしけが積荷をおろす場所だ。ひま人やスリの集団が船の着くのを待ち、仕事を待つ港湾労働者たちがたむろしている。はしけから積荷をおろし、フォルムとアウェンティヌス丘のあいだにある倉庫に運んで手間賃を稼ぐのだ。市場を抜けて歩くときは、角に藁が結んである牛に注意しよう。これはとくべつ気の荒い牛だというしるしである。

　市場の上流側の端にあるのがスブリキウス橋、ローマ最古の橋である。生まれてまもない共和政ローマを倒そうと、タルクィニウス王がエトルリアの兵士を率いて攻めてきたとき、それを英雄ホラティウスがこの橋のうえで食い止めたと言われている。ローマでは神官のことをポンティフェクスというが、それは橋（ポンス）と関係がある。スブリキウス橋になにかあったら、それは神々から送られたしるしと見なされるのだ。この橋は鉄の釘や石を使わず木材だけで造られている。いまでこそそれは伝統のためだが、かつてこれがローマ唯一の橋だったころは、木製なら敵が迫ったときすぐに落とせるという理由だった。今日では、この橋の名のもとになった木の杭（sublica、スブリカ）は、頑丈な石の橋桁に取り替えられている。

　橋を渡ったら、右に折れてティベリス河に沿って歩いていこう。この川は、400キロの旅をして海に到達する。旅路の始点はアペニン山脈で、そこからナルニア市を過ぎ、ラティウム平野に入る。そのあたりから流速が落ちてシル

トが沈殿しはじめ、それでローマ人の言うティベリス・イエローを呈するようになり、蛇行しつつローマ市を抜けていく。石を並べた線（cippi（キッピ）という。ポメリウムにも使われている）が引いてあるが、これは水が支障なく流れるように川岸を管理する（いつもうまく行くとはかぎらないが）管理委員の権限の範囲を示している。

　この西岸はあかぬけない側で、風向きがよくないと革なめし工場の悪臭が漂ってくる。この工場は、市の高級な地域からは閉め出されているのだ。ティベリス河じたいもかなりひどいにおいをさせている。ローマ人はこの「父なるティベリス」に排泄したり、下水の大半を垂れ流しにしたりしているし、犬の死骸だのごみだの、ときには人間の死体まで流しているのだ。にもかかわらずローマ人は平気でときどきこの川で水浴びをし（上流であればあるほどいいはずだ！）、それが一定の興味関心のまとになっている。というのもローマでは、公然と裸がさらされることはめったにないからだ。キケロはあるご婦人に向かってこう言って

われわれの目の前で、黄褐色のティベリス河はエトルリア側の岸に波をはねかえらせ、左岸［東岸］に押し寄せて、王の建てたものとウェスタの神殿をなぎ倒す
　　　——ホラティウス『頌歌』1・2・13〜16

おまえが見ているそれ、それが私だ。満々たる流れで岸をけずり、肥えた農地を押し流す——青き水のティベリス、天に最も愛される川
　　　——ウェルギリウス『アエネイス』8・62〜64、河神の言葉

第10章　ローマを歩く

> あなたはティベリス河沿いに庭園をお持ちだ。それも、意図的にあの場所をお選びになったのです。なぜならあそこはまさに、若い男たちがみな泳ぎに行く場所ですから。
> ——キケロ『カエリウス弁護演説』36

　アエミリウス橋を渡って川の東岸に戻ろう。これはローマ市最古の石造りの橋で、前142年ごろに造られた。アウグストゥス帝が修復工事をしたが、おそらく21世紀のローマにまで生き延びたのはその部分だろう——川のなかほどにアーチがひとつだけ残っている。

　上流に向かってさらに数百メートル進むと、次の橋の少し手前にマルケッルス劇場がある。前17年ごろアウグストゥスが完成させた劇場で、その少し前に亡くなったアウグストゥスの甥をしのんでこう名づけられた。高さは30メートルを超え、1万4000人以上の観客を収容できる、ローマの石造りの劇場としては最も大規模な劇場だ。2階の壁には、アーチとアーチのあいだにひとつずつ仮面が浮彫りされているが、この仮面はそれぞれが様式化された劇の演目を表わしている。仮面のうち10個は喜劇、5個は悲劇、そして5個は風刺劇からとられている。マルケッルス劇場はいまはまだできて数世紀にしかならないが、その2000年を超す寿命のうちには、要塞として使われ、貴族の館になり、しまいにはアパートメントに改造されて多数の人々が住むことになるはずだ。

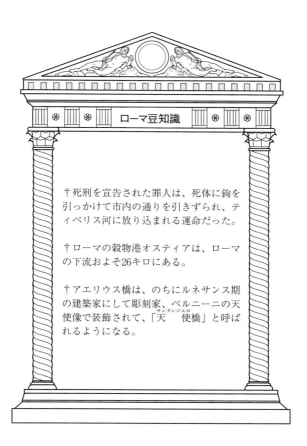

ローマ豆知識

†死刑を宣告された罪人は、死体に鉤を引っかけて市内の通りを引きずられ、ティベリス河に放り込まれる運命だった。

†ローマの穀物港オスティアは、ローマの下流およそ26キロにある。

†アエリウス橋は、のちにルネサンス期の建築家にして彫刻家、ベルニーニの天使像で装飾されて、「天使橋(サンタンジェロ)」と呼ばれるようになる。

また河に引き返し、ファブリキウス橋を通ってティベリス島に渡ろう。ローマ人に言わせると、王政転覆後、祖先たちはタルクィニウス王との関わりをすべて断ち切ろうとして、王の畑でとれた穀物をティベリス河に投げ捨てた。すると、そのまわりにシルトが沈殿してこの島ができたのだそうだ。だが実際には、ここはカピトリヌス丘の突起部が顔を出す場所で、その固い岩盤にあたって水が二手に分かれているのである。昔からこの島は呪われていると言われていて、社会のつまはじき者以外は住まない場所だった。しかし前292年、医術の神アエスクラピウス（アスクレピオス）の像がローマに運んでこられたとき、飼育係が下船の準備をしているすきに、神の使いの聖なる蛇が船ばたを乗り越えて逃げてしまった。蛇は泳いでこの島に渡ったため、神の明らかな意志を尊重してここに神殿が建てられたという。

　その後にほかの神殿も建てられて、いまでは全長250メートルの島に、ユピテル、ファウヌス、そしてティベリス河の河神の神殿も建っている。勇敢にも水に飛び込んだ蛇を称えて、島はだいたい船の形に整えられた。永久に下流を目指すこの船のへさきを飾るのが、アスクレピオス神殿である。ローマで最も病院に近い施設なので、この神殿に

　クラウディウス帝は、「治療の手間を惜しんで、病気で働けない奴隷をアエスクラピウスの島［ティベリス島］に置き去りにする者がいる」ことに胸を痛めた。そこで、回復した者も含め、そのような奴隷をみな自由民とするよう命令した。
　　　　　　　　——スエトニウス『クラウディウス伝』25

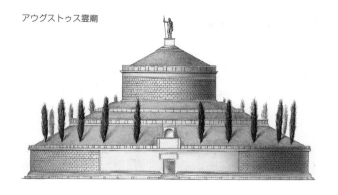

アウグストゥス霊廟

は参拝者の絶えることがない(そしてのちに本物の病院が建てられ、以後ずっとここは病院のある島になる)。

　この島からの眺めはすばらしい。積み下ろしの邪魔になるので、波止場のある川べりは空き地のままになっているからだ。夜明けから日没をゆうに過ぎるまで、波止場にはひっきりなしにはしけが行き来している。

　島をあとにして、ケスティウス橋(対岸のファブリキウス橋と同じく、前608年に建造された)を渡ろう。そこから上流に向かうと、ハドリアヌス帝の眠るローマ最大の墓がある。

　それは最も有名な建築物であり、パロス島の大理石で造られている。石と石がぴったり合わせてあるため、継ぎ目がまったく見えないほどだ。四壁の長さは等しく、それぞれ投石の飛ぶ距離(約90メートル)で、市壁よりも高くそびえてい

第10章　ローマを歩く　　255

る。上には兵士と馬の像が並んでいるが、これも同じ大理石製の見事な作品だ。

——プロコピオス『ゴート戦争』1・22

　てっぺんには、4頭立ての戦車に乗る皇帝の巨大な彫像が飾られている。ハドリアヌス以前には、ローマの皇帝はふつうアウグストゥス霊廟に葬られていたが、そこにはもうあきがなくなっていた。トラヤヌス記念柱のように個別に墓標を建てるならべつだが、そうでないなら皇帝の亡骸を納める場所が必要になったわけだ。ハドリアヌス霊廟（後134年に完成）には、あと1世紀ぶんの皇帝の遺体を納められるだけの余裕がある。

　墓をあとにして、アエリウス橋を渡ろう。これはハドリアヌス霊廟とローマ市とをつなぐ橋だ。その向こうには、最後のローマ散策コースが待っている。目的地はパンテオンとマルス^{カンプス・マルティウス}の野だ。

カンプス・マルティウス

　自然の美しさに加えて、カンプス・マルティウスは賢明な計画のおかげでさらに魅力的な場所になっている。カンプスの広さにはまったく驚かされる。戦車競走やありとあらゆる騎馬の訓練ができるだけでなく、おおぜいの人々が球技や輪投げやレスリングを楽しめるだけの広さがある。それをすべて同時にやっても、たがいにまったく邪魔にならないのだ。あちこちに美術品が飾られているし、地面（1年を通じて青々としている）、川の向こうにそびえる

丘のいただき、なだらかに川岸まで続くその丘腹、それやこれやが一体となって、まるで舞台の背景幕のよう——いくら見ても見飽きることのない景色だ。そしてその近くに、無数の列柱で囲まれた区域があり、聖域があり、劇場が3つに円形演技場が1つあり、そして壮麗な装飾をほどこされた神殿が建ち並ぶ。それが次から次に現われるのだ。こんなにぎっしり並んでいると、市のほかの部分はただの周縁部だと暗に言われているような気がしてくる。

　マルスの野はどこより神聖な場所とされているので、最も名高い男女の墓はここに置くことになっている。なかでもとくに目をひくのが、アウグストゥス霊廟と呼ばれる墓だ。河の近くにそびえる大きな築山で、白大理石の高い基壇のうえに盛りあげてある。全体に常緑樹で密に覆われ、てっぺんにはアウグストゥス・カエサルの青銅像が立っている。その下にはアウグストゥスとその友人家族の墓があり、築山の裏には広い聖域があって、すばらしい遊歩道が設けてある。

　カンプス・マルティウス（ローマ人はたいていただ「カンプス」と呼ぶ）は、だいたいクィリナリス丘とティベリス河にはさまれた地域で、ウァティカヌスの野のほうにのびている。ストラボンの言うとおり、ここは市内の喧騒や人ごみからの理想的な避難所だ——もっとも、近年はさまざまな建造物がずらりと並んで、開けた場所が少なくなってきている。

　王政時代には、この野は王が所有していたと言われている。王が追放されたのち、新生なった共和国によって軍神

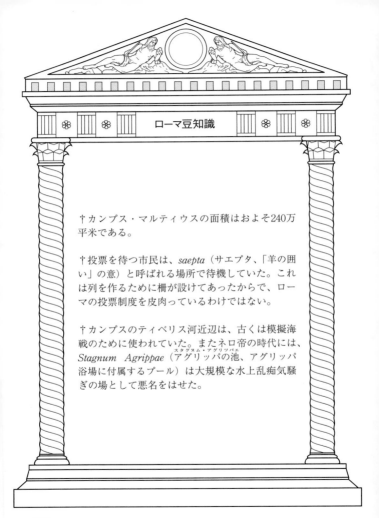

ローマ豆知識

†カンプス・マルティウスの面積はおよそ240万平米である。

†投票を待つ市民は、*saepta*（サエプタ、「羊の囲い」の意）と呼ばれる場所で待機していた。これは列を作るために柵が設けてあったからで、ローマの投票制度を皮肉っているわけではない。

†カンプスのティベリス河近辺は、古くは模擬海戦のために使われていた。またネロ帝の時代には、*Stagnum Agrippae*（スタグヌム・アグリッパエ）（アグリッパの池、アグリッパ浴場に付属するプール）は大規模な水上乱痴気騒ぎの場として悪名をはせた。

マルスに捧げられたというが、これは適切な選択だったと言えるだろう。いまでも若者はここで乗馬の訓練を受けており、まもなくローマ軍の騎兵として実行することになる戦術を、教官からみっちりたたき込まれている。老将軍マリウスが、人々に大いに気まずい思いをさせたのもここだ。もう年寄りすぎて無理だと思われているのをよそに、本人はまた軍を指揮する気満々で軍事訓練をしてみせたのである。共和政時代には、ここはまたローマ市民が集まって高位の公職者を選ぶ場所であり、和平か戦争かを決する投票をおこなう場所でもあった。また、市内に立ち入る資格のない外国の使節に面会する場所もここだった。カンプスはポメリウムの外にあるからだ。

まずはポンペイウス劇場から見ていこう。これは前55年に、ユリウス・カエサルの宿敵ポンペイウスが建てたものだ。1時間か2時間かけて、付属の庭園や柱廊を歩きまわり、また劇場のてっぺんにある神殿を観賞しよう。この劇場が建設できたのはこの神殿のおかげだ。当時のローマでは石造りの劇場の建設が禁止されていたため、この劇場の石の座席は、表向き神殿に通じる階段として造られたのである（図版ⅣおよびⅤ参照）。この小さな神殿は、世界で最も壮大な階段を持つ神殿だ。なにしろこの「階段」には、1万人以上が腰掛けて下の舞台で上演される劇を観ることができるのだから。

時間が許すなら、カンプスの南端にあるフラミニウス競技場（キルクス・フラミニウス）にも立ち寄ろう。それが無理なら、このあたりのあちこちにある多くの神殿を眺めてまわろう。

マルス神殿、それよりさらに古いベッロナ（古い戦争の女神）を祀る神殿のほかに、帝国内のさまざまな民族の信じる、異国の神々を祀る神殿も多いのに気がつくだろう。信心深いローマ人が、市内に持ち込むことを許さないからだ。

この散策も、アウグストゥス霊廟前の一対の青銅の柱で終点だ。この2本の柱には、アウグストゥスの *Res Gestae*（レス・ゲスタエ）——生涯と業績の記録——が刻まれているが、ローマ初代皇帝をできるだけよく描くために、その文章は入念に編集されている。この墓がエジプトふうなのは、アウグストゥスが建設を命じたのが前29年で、エジプトを征服してアレクサンドロス大王の墓を訪れた直後だったためだ。のちの多くの皇帝も、このアウグストゥス霊廟に葬られている。ウェスパシアヌス帝もそのひとりだが、彼が亡くなるときには、その予兆としてこの霊廟の壁にひび割れが現われたそうだ。

この墓の北には、もうひとつ立派なオベリスクがそびえている。これはじつは巨大な日時計の針なのだ。これまたアウグストゥスが考案したもので、彼の誕生日にはオベリスクの影がまっすぐ〈平和の祭壇〉(アラ・パキス)をさすようになっている。この祭壇もまた、かつて生み出された最高のローマ彫刻の一例だ。

この祭壇は前9年に造られた。白大理石の壁で囲まれており、壁の下段には装飾的な花の浅浮彫りが刻まれ、上段には皇帝一家、神官団、そして元老院議員やローマ市民が行列を作り、ローマの平和という恩恵に感謝を捧げるさまが浮彫りで描かれている。この祭壇がフラミニア街道沿い

に置かれているのは偶然ではない。この大街道を通ってローマ市に出入りする人々は、この雄弁な建造物によって迎えられ、あるいは送り出されるのだ。それが象徴するのは、世界の都こと皇帝(カエサル)たちのローマの壮麗のすべてである。

役に立つラテン語会話

ラテン語で言うとなんでも立派に聞こえる
Quidquid latine dictum sit, altum videtur
（クィドクィド・ラティーネー・ディクトゥム・シット、アルトゥム・ウィデートゥル）

☞酒場で

どれぐらい待たなくてはならないのですか
Quo usque tandem exspectem?（クォー・ウースケ・タンデム・エクススペクテム？）

ワインを出すか、お金を返してください
Vel vinum mihi da, vel nummos mihi redde（ウェル・ウィーヌム・ミヒ・ダー、ウェル・ヌンモース・ミヒ・レッデ）

うまいワインだが、主張と深みに欠けるね
Vinum bellum iucundumque est, sed animo corporeque caret（ウィーヌム・ベッルム・ユークンドゥムケ・エスト、セッド・アニモー・コルポレケ・カレット）

ビールをください
Da mihi fermentum（ダー・ミヒ・フェルメントゥム）

乾杯！
Ad multos annos!（アド・ムルトース・アンノース！）

酒には真実がある（酔うと本性が現われる）
In vino veritas（イン・ウィーノー・ウェーリタース）

もうこんな時間！
Ecce hora!（エッケ・ホーラ！）

☞デートで

女の子／男の子はどこにいるのですか
Ubi sunt puellae/pueri?（ウビ・スント・プエッラエ／プエリー？）

こんにちは、私の名前はリーウィアです
Nomen mihi est Livia. Salve!（ノーメン・ミヒ・エスト・リーウィア。サルウェー！）

私は蠍座だけど、あなたは?
Scorpio sum -- quod signum tibi es?（スコルピオー・スム──クォド・シグヌム・ティビ・エス?）

あなたの上着のなかのそれは短剣ですか、よかったら見せてくれませんか
Estne pugio in tunica, an tibi libet me videre?（エストネ・プギオー・イン・トゥニカー、アン・ティビ・リペット・メー・ウィデーレ?）

性悪の妖婦
Siren improba（シーレーン・インプロバ）

ひと晩に4回
Nocte quater（ノクテ・クァテル）

大いに喜んで
Magna cum voluptate（マグナー・クム・ウォルプターテ）

したいけどできない（「欲すれども能わず」カーライル伯のモットー）
Volo, non valeo（ウォロー、ノーン・ウァレオー）

私に触らないで
Noli me tangere（ノーリー・メー・タンゲレ）

ねえきみ、正直言って、どうでもいいんだ
Re vera, cara mea, mihi nil refert（レー・ウェーラー、カーラ・メア、ミヒ・ニール・レーフェルト）

これからも友だちでいようね
Spero nos familiares mansuros（スペーロー・ノース・ファミリアーレース・マーンスーロース）

電話しないでね、こっちからかけるから
Noli me vocare, ego te vocabo（ノーリー・メー・ウォカーレ、エゴ・テー・ウォカーボー）

1時間半待ったよ
Hora et triginta minuta in mora es（ホーラー・エト・トリーギンター・ミヌーター・イン・モラー・エス）

役に立つラテン語会話

なにを言っているのかわからない
Nescio quid dicas（ネスキオー・クイッド・ディーカース）
過つは人の常
Errare humanum est（エッラーレ・フーマーヌム・エスト）
あれは口がすべったんだ
Lapsus linguae erat（ラープスス・リングァエ・エラット）
あなたはやぶのなかの蛇だ
Anguis in herba es（アングィス・イン・ヘルバー・エス）
帰れ！
Vade retro!（ウァーデ・レトロー！）

☞ **市場で**

お金を見せてください
Pecuniam mihi monstra（ペクーニアム・ミヒ・モーンストラー）
いくらですか
Quantum est?（クァントゥム・エスト？）
高すぎる！
Hoc est nimis!（ホック・エスト・ニミス！）
買う前によく確かめなさい〔買い手危険負担〕
Caveat emptor（カウェアト・エンプトル）
お金を返してください
Pecuniam mihi redde（ペクーニアム・ミヒ・レッデ）
これでなにが買えますか
Do ut des?（ドー・ウト・デース？）
持っていきなさい
Hoc affer tecum（ホック・アッフェル・テークム）
この上着を着ると太って見えるかしら
In hac tunica obesa videor?（イン・ハーク・トゥニカー・オベーサ・ウィデオル？）
衣服が人を作る（馬子にも衣装）
Vestis virum reddit（ウェスティス・ウィルム・レッディット）
足りないものがある
Nonnullis desunt（ノーンヌーッリース・デースント）

強欲なサメ（がりがり亡者）
Pistrix rapax（ピストリークス・ラパークス）

☞家庭の平和

ダーリン、いま帰ったよ
Cara, domi adsum（カーラ、ドミー・アドスム）
やれるものならやってみろ
Fabricare diem（ファブリカーレ・ディエム）
思い出せない
Non possum reminisci（ノーン・ポッスム・レミニースキー）
現行犯でおさえられた
In flagrante delicto（イン・フラグランテ・デーリクトー）
それはばかげていると思う
Credo absurdum est（クレードー・アプスルドゥム・エスト）

☞見知らぬ人に

私は迷っていません
Neutiquam erro（ネウティクァム・エッロー）
やっと剣闘士が出てきた
Demum veniunt gladiatores（デームム・ウェニウント・グラディアートーレース）
失礼します
Mihi ignosce（ミヒ・イグノースケ）
すみませんが、手を貸してもらえませんか
Auxilium mihi, si placet（アウクシリウム・ミヒ、シー・プラケット）
いったいなにを言ってるんだ？
Quod in abysso dicis?（クォド・イン・アビュッソー・ディーキス？）
お願いだから盗らないでください
Non me rape si tibi placet（ノーン・メー・ラペ・シー・ティビ・プラケット）
殺さないで、お金はぜんぶあげます
Noli me necare, cape omnias pecunias meas（ノーリー・メー・ネカーレ、カペ・オムニアース・ペクーニアース・メアース）

役に立つラテン語会話

ここどこ?
Ubi sum?(ウビ・スム?)
いま何年ですか
Quis annus est?(クィス・アンヌス・エスト?)
うちに帰りたい
Volo domum redire(ウォロー・ドムム・レディーレ)

☞宿泊

元気でいられるところなら、わが家のように感じる
Ubi vales, ibi patria est(ウビ・ウァレース、イビ・パトリア・エスト)
屋根が雨漏りする
Tectum rimosum est(テークトゥム・リーモースム・エスト)
私の部屋が火事です
Conclave meum est flagrans(コンクラーウェ・メウム・エスト・フラグラーンス)
夕食の前に
Ante cenam(アンテ・ケーナム)
犬に注意
Cave canem(カウェー・カネム)
それは1日で、それとも1時間で?
Utrum per diem an per horam?(ウトルム・ペル・ディエム・アン・ペル・ホーラム?)
近くに宿屋はありますか
Estne juxtim caupona?(エストネ・ユークスティム・カウポーナ?)
プラエトルに苦情を申し立てたい
Volo cum praetore expostulare(ウォロー・クム・プラエトーレ・エクスポストゥラーレ)

☞ていねいな表現

お許しがあれば
Pace tua(パーケ・トゥアー)

はい、ただいま
Extemplo（エクステンプロー）
わっ、すみません
Eheu! Mea culpa（エーヘウ！　メア・クルパ）
助けてくれれば助けます（相身互い）
Manus manum lavat（マヌス・マヌム・ラウァット）
神々はべつの考えをお持ちだった（残念でしたね）
Diis aliter visum（ディース・アリテル・ウィースム）
心から
Ex animo（エクス・アニモー）
大したことじゃありません、気にしてませんよ
De minimis non curo（デー・ミニミース・ノーン・クーロー）

☞一般的表現

ユピテル神殿はどこですか
In quanam parte templum Iovis est?（イン・クァーナム・パルテ・テンプルム・ヨウィス・エスト？）
私はとても頭の悪いクマです
Ursus perpauli cerebri sum（ウルスス・ペルパウリー・ケレブリー・スム）
ブリトン人、ゴーホーム
Britanni ite domum（ブリタンニー・イーテ・ドムム）
おまえの戦車なんかぶっ壊れればいいんだ
Utinam tuus currus deleatur（ウティナム・トゥウス・クッルス・デーレアートゥル）
たぶん、いつかこのことを思い出して笑える時が来るでしょう
Fortasse, haec olim meminisse nobis juvabit（フォルタッセ、ハエック・オーリム・メミニッセ・ノービース・ユウァービット）
ああ時代よ、道徳よ！
O tempora, o mores!（オー・テンポラ、オー・モーレース！）
どこへ行くのですか
Quo vadis?（クォー・ウァーディス？）

このやりかたを知っていますか
Scisne quo modo haec facias?（スキースネ・クォー・モド・ハエック・ファキアース？）
このローマ人たちは頭がおかしい
Delirant isti Romani（デーリーラント・イスティー・ローマーニー）
時代は変わり、私たちもそれとともに変わる
Tempora mutantur et nos mutamur in illis（テンポラ・ムータントゥル・エト・ノース・ムータームル・イン・イッリース）
これで終わり？
Haec omnia?（ハエック・オムニア？）
おとなしく帰れ
Vade in pace（ウァーデ・イン・パーケ）
私はローマのことを知っています
Res Romae cognosco（レース・ローマエ・コグノースコー）

イラストの出典

ⓒ Altair4 Multimedia Roma──www.altair4.it　図版Ⅰ-ⅩⅠ
Boethius, A., & Ward-Perkins, J.B., *Etruscan and Roman Architecture*（London, 1972）による　61
大英博物館　目次扉, 182, 225
ⓒ Roger Wood/CORBIS　162
D. Stredder Bist　82
ドイツ博物館（ミュンヘン）　36
Ray Gardner 撮影　225
Chaillet, G., *Dans La Rome des Césars*（(c)Editions Glénat, 2004）から　21, 157
メトロポリタン美術館（ニューヨーク）　99右
ラクイラ博物館、写真：Alinari　41
コンセルヴァトーリ美術館（ローマ）　215
イタリア国立考古学博物館（ナポリ）、写真：Alinari　187
イタリア国立美術館（ポルトグルアーロ）　146
カピトリーノ美術館、写真：Alinari　10
トルロニア美術館（ローマ）、写真：Deutsches Archaeologisches Institut, Rome　15
オスティア美術館、写真：Fototeca Unione　123
Drazen Tomic　8-9, 55, 112, 205
Tucker, T.G., *Life in the Roman World of Nero and St.Paul*（London, 1910）から、77, 89, 99, 179, 223, 241
www.forumancientcoins.com　127
Philip Winton　255
その他の線画はすべて Drazen Tomic による
目次扉の写真はデナリウス銀貨

【索引】

イタリックのものは当該ページの図版キャプション内に、また、ローマ数字のものは当該番号のカラー図版内にあることを示す。

〔ア行〕

アウェンティヌス丘　45, 52-54, *55*, 59, 206, 214, 220, 249-250

アウグストゥス　31, 33, 35, 42, 54, 56, 72 (Ⅵ), 105-107, 183-184, 201, 206, 226, 229-230, 239, 246, 252, 255-257, 260

アウグストゥス霊廟　42, 206, *255*, 256-257, 260

アウラ・レギア　68 (Ⅲ)

アウレリア街道　236

アエスクラピウス（アスクレピオス）　254

アエミリウス公会堂（バシリカ・アエミリア）　224

アエミリウス橋　252

アエラリウム・ポプリ・ロマニ（ローマの国庫）　207

アエリウス橋　253, 256

アグリッパ　35, 183, 210, 239-240, 258

アグリッパの池（*Stagnum Agrippae*）　258

アグリッパ浴場　239-240, 258

アグリッピナ　52

アグリッピヌス　153

アス貨　*127*

アッティクス　115, 117

アッピアノス　229

アッピア街道（ウィア・アッピア）　13, 20, *21*, 25-27, 30, 42, 45, 54

アッピウス・クラウディウス・カエクス（盲目のアッピウス・クラウディウス）　26, 35

アテナイ　132 (アテネ)

アドラストゥスの家　234

アピキウス　90

アプリア地方　25

アプレイウス　62, 132-133

アペッレス　232

アペニン山脈　250

アポクシュオメノス像（リュシッポス作）　240

アポッロ神　229, 246, 228

アポッロドロス（ダマスクスの）　124, 205, 232, 241

アラ・パキス（平和の祭壇）　206, 260

アラビア　128
アリキア　27, 153
アルギレトゥム　129
アルクス　56-57
アレクサンドロス大王　260
アレクサンドリア　15-16, 114
アレタエウス　77
アンティノオス　33
アントニヌス・ピウス帝　204-205
イェルサレム　226-227
イタリア　15, 18, 20, 23, 42, 100, 113, 120-121, 134, 148, 216
市場
　牛——　45, 52, 54-55, 249
　トラヤヌス——　124, 128
　nundinae（ヌンディナエ）　120-122
マケルム　121-123, 125
インド　128
ウァッロ　122
「ウァッロの規則」　101
ウァティカヌスの野　185, 213, 257（「——の丘」は 58, 235）
ウァリウス　27
ウァレリウス氏族　38
ウァレリウス・コルウィヌス　140
ウァレリウス・ポプリコラ　51
ウィア・サクラ（聖なる道）　128, 224

ウィベンナ，カエリウス　51
ウィミナリス丘　49-50, 54, *55*
ウィラ　29-33
ウェスタ　203, *205*, 206
　——神殿　202, 213, 251
ウェスタの巫女　38, 161, 204, 207, 212-213, 215, 225
ウェスタリア祭　213
ウェスパシアヌス　50, 75, 76, *127*, 199, 226, 260
　——のフォルム　54, 230
ウェノシア　23
ウェヌス女神　205, 228
ウェリア　51, 54, 205
ウェルキンゲトリクス　151
ウェルギリウス　27, 251
ウズベキスタン　128
ウングェンタリウス街（ウィクス・ウングェンタリウス）　119
ウンビリクス・ウルビス・ロマエ（*umbilicus urbis Romae*）　221
エウォカティオ　197
エクィテス・シングラレス（皇帝の騎馬近衛隊）　52
エゲリア　248
エジプト　16, 24, 33, 52, 94, 182, 229, 260
エスクィリヌス丘　45, 50-51, 54, *55*, 59, 123, 128, 159, 219, 241
エトルリア人　51, 220
エトルリア通り（ウィクス・トゥ

索引　271

スクス） 224
エピクテトス 94, 103, 109, 153
エペソス 15
エラガバルス 247, 249
オウィディウス 177, 179, 213, 228
黄金のマイルストーン 22
黄金の館（ドムス・アウレア） 54, 241, 244
オスティア 13, 15, *17*, 250, 253
オッピアヌス丘 51
オデウム、劇場（*odeum*） 188-189
オプス（幸運の女神） 203

〔カ行〕

カウディウム 27
カウポナ 23, 119
カエキリア・メテッラの霊廟 *21*, 42
カエサル、ユリウス 43, 45, 105, 107,（*127*,）152, 181, 198, 219, 225, 228-231, 257, 259
カエリウス丘 45, 51-52, 54, *55*, 123
カストルとポルックス 206-207, 224, 245
ガッリイ（*galli*） 245
カティリナ 114, 150-151
カトー、小 83
カトー、大 78, 109, 219, 221

カッシウス・ディオ 234
ガデス 22, 100
カピトリヌス丘 35, 45, 47, 53-54, *55*, 56-58, 65（Ⅰ）, 65（Ⅱ）, 134, 152, 200, 202, 211, 215, 220, *223*, 234, 254
カプア 13
カペナ門 45, 47, 54
カメナエ（学問・芸術の女神） 45
カラカラ浴場 169（Ⅶ）
ガリア 19, 100, 134, 143, 151, 160
カリグラ、ガイウス 35, 76, 105, 129, 167, 236, 245
カルタゴ 15, 222
カルメンタリス門 47, 134
ガレノス 78
カンパニア 13, 138
カンプス・マルティウス（マルスの野） 47, 49, 54, 135, 206, 214, 239-240, 243, 256-258
キケロ 59, 63, 73, 94, 104, 114-115, 117, 151, 164, 192, 195, 219, 231, 246, 251-252
キスピウス丘 51
記念柱 218, 232-235, 256
競技祭
　メガレシア── 245
　平民── 215
ギリシャ 15, 18, 24, 34, 83, 93,

124, 132, 138, 160, 186, 190, 199, 203, 208, 229-230, 232-233
キルクス（競技場） 178, 180-182, 184-185, 215, 236-237
　フラミニウス──（キルクス・フラミニウス） 259
　大──（キルクス・マクシムス） 65（Ⅱ）, 54, 155, *179*, 180-181, 192, 214, 246, 249
　ネロの── 58, 185, 236-237
記録保管所 → タブラリウム 58, 232
キンキナトゥス 219
クィリナリス丘 35, 45, 49-50, 54, *55*, 59, 123, 125, 219, 228, 232, 257
クィンティリアヌス 222
クィントゥス・マルキウス・レクス 35
クラウディウス 26, 35, 52, 59, 83, 107, *123*, 138, 167, 194, 254
グラエコスタシス 220
グラックス，センプロニウス 131
クラッスス，マルクス 59, 129
クリュプトポルティクス，ネロの 244-245
クリア（元老院議事堂） 203, 221, 227
クリウス・パラティヌス 244
クリウス・ププリクス 249

クルティウス 223
クレオパトラ 183, 201, 229
クロアカ・マクシマ（大下水道） 75, 219
クロディウス 148, 231
ケスティウス橋 255
ゲッリウス、アウルス 102
ゲヌキウス・キプス 47
ゲモニアエの石段 202
ケラムルス 56
ケルスス 79
ケレス 52, 203, 213
剣闘士 42, 102, 113, 155, 157-161, *162*, 163, 166-168, 179, 186, 188, 193
黒海 234
コッリナ門 46-47
近衛軍 50, 136-140
コリント 15, 160, 232
コルムナ・ラクタリア（授乳の柱） 44
コルンバリウム 39, 42
コロッセウム 42, 54, 65（Ⅱ）, 108, 155, *157*, 159, 160-161, 165, 177, 191, 205, 225, 227, 241, 244, 249
コンスス神 214
コンピタリア祭 211
コンモドゥス帝 140, 167

索引　273

〔サ行〕

祭壇
　ウルカヌスの—— 221-222
　平和の——（アラ・パキス）206, 260
サッルスティウス 49, 59, 150
サッルスティウスの庭園 49, 59
サトゥルナリア祭 133, 135, 157, 203, 210, 217
サトゥルヌス神 157, 203, 207, 221
サバティヌス湖 35
サビニ人 49-50, 216
　サビニの女の略奪 216
サラリア街道 46-47
サリイ（*salii*）212
サルディニア 131
サンダル街（ウィクス・サンダリアリウス）128
シギッラタ（小像）の縁日 135
シチリア 15
シヌエッサ 27
ジブラルタル 15
10月馬（エクウス・オクトベル）214, 216
十二表法 203
首都駐留軍 136, 140-141
シラクサ 15
シルクロード（絹の道）128
神殿
　アシュラエウス—— 57
　アポッロ—— 229, 246
　アントニヌスとファウスティナ—— 204, 225
　ウェスタ—— 202, 213, 251
　ウェスパシアヌス—— 50, 54, 221
　ウェヌス—— 68（Ⅳ）, 228-229
　ウェヌスとローマ—— 51, *157*, 205, *225*
　カストルとポルックス—— 206-207, 224, 245
　カピトリヌスのユピテル—— 57, 65（Ⅰ）,（Ⅱ）, 200-202, 211
　コンコルディア—— 221
　サトゥルヌス—— 202-203, 207, 221
　ディアナ—— 206, 214
　フラウィウス氏族の—— 50
　ベッロナ—— 43, 260
　ヘラクレス—— 47, 206
　ポルトゥヌス—— 206
　マグナ・マテル—— 245
　マルス・ウルトル（復讐者マルス）—— 150, 229
　ミネルウァ—— 202, 213, 230, 247
　ユノ—— 57, 202
　ユピテル—— 56-57, 65（Ⅰ）,

274

（Ⅱ），200-202, 211, 214, 254
　　ロムルス―― 56, 200, 202, 225
水道
　　アルシエティナ―― 35
　　アニオ―― 37
　　アッピア―― 35
　　ウィルゴ―― 35-36, 239
　　クラウディア―― 35, 249
　　　（クラウディア水道橋*36*、クラウディウス水道橋65(Ⅱ)）
　　テプラ―― 35
　　トラヤナ―― 35
　　マルキア―― 34-35, *36*, 47
　　ユリア―― 35
スエトニウス 198, 245, 254
スキピオ家 107
スコパス 246
スッラ 46
ストラボン 107, 257
スパルタカス（「スパルタクス」42）
スブラ地区 51, 54, 55, 192, 230, 232
スブリキウス橋 250
スペイン 15, 22, 89, 100
聖アウグスティヌス 156, 197
聖パウロ 25, 152
聖ペトロ 151, 185, 233, 236
　　――の墓 58, 218, 235, 238
セウェルス，セプティムス 138,
220
　　――の凱旋門 220, 222, 231
セネカ 24, 31, 102, 114, 131, 156, 158, 164, 238-239, 242
セプティミウス・セウェルスの凱旋門 220
セラピス神 19
セルウィウス・トゥッルス 46
sestertius（セステルティウス）36, 126-127, 133, 143

〔タ行〕

タウロメニウム 15
ダキア（ルーマニア） 124
ダキア戦争 233
タキトゥス 137-138, 236
タブラリウム（記録保管所） 58, 232
タプロバネ島（スリランカ） 128
タルペイアの岩 57
タルクィニウス 57, 219, 250, 254
タレントゥム 18
地中海 15, 17-18, 88, 164
ディアナ女神 206, 214, 246
ディエス・ネファストゥス（禁忌日） 18-19
ディオニュシオス，ハリカルナッソスの 180
ティティアノス（ティティアヌス），マエス 128

ディディウス・ユリアヌス 138
ティトゥス
　——凱旋門 159, 218, 225-227, 244
　——浴場 241
ティトゥスの凱旋門 159, 218, 225-227, 244
ティベリウス 26, 134, 137, 246
ティベリス河 *17*, 35, 45, 52, 55-56, 58, 114, 120, 134, 137, 243, 249-254, 257-258
ティベリス島 54-55, 254
ティブル（ティヴォリ） 32
ティモテウス 246
デナリウス 126-127
テルマエ・アントニニアナエ（カラカラ浴場） 169（Ⅶ）
テルミヌス神 202
テレンティウス 186
デロス島 18
トゥッリアヌム 150-152
トゥッルス・ホスティリス 51
トガ *41*, 76, 80-81, 83-85, 93, 139, 149, 178-179, *215*, 222
ドゥポンディウス 127, 130
ドミティアヌス帝 50, 56-57, 68（Ⅲ）, 167, 200, 226, 230, 246-247
　ドミティアヌス像 224
ドムス・アウグスタナ（アウグストゥス宮） 246
ドムス・ティベリアナ（ティベリウス宮） 245
トラヤヌス
　——記念柱 124, 232, *233*, 234, 235, 256
　——のフォルム 123, 232, 234, 241
　——の市場 124, 128
　——浴場 241-242
トランスティベリム 35, *55*
トリウィクム 27
トリウムパリス街道 236
ドルスス, リウィウス 106

〔ナ行〕

ナイル川 33
ナルニア 250
ヌイディナエ（*nundinae*） 120
ヌマ 248
ネアポリス 18
ネプトゥヌス神 *17*
ネルウァのフォルム 230
ネロ
　——の巨像（コロッスス） *157*
　——のキルクス 58, 181, 185, 236-237
　——のクリュプトポルティクス 244-245
　——浴場 240

〔ハ行〕

バイアエ 11
パウルス 153
パクス・デオルム (*pax deorum*) 197
橋
　アエリウス—— 253, 256
　アエミリウス—— 252
　カンパニアの—— 27
　ケスティウス—— 255
　ファブリキウス—— 254-255
　スブリキウス—— 250
バシリカ・ユリア（ユリウス公会堂） 222, 224
ハドリアヌス 32-33, 51, 124, 128, *157*, 205, 208, 210, 232, 239, 256
　——霊廟 42, 206, 255, 256
パトリキウス通り 192
パラティウム 56
パラティヌス丘 49, 51-54, *55*, 56-59, 65（Ⅱ）, 159, 181, 211, 219-220, 222, *223*, 224-225, 243-246, 248-249
パルミュラ 88
パレンタリア祭 39, 211
パリリア祭 212
パルティア 128, 220
パンテオン 174（Ⅹ）（Ⅺ）, 196, 206, 209-210, 234, 239, 256
ハンニバル 47, 245

ピュロス王 185
ピンキウス丘 45, 54
ファウスティナ 204, 225
ファウヌス神 254
ファグタリス丘 51
ファスケス（ローマの法の象徴） *146*, 152
ファビウス氏族 47
ファブリキウス橋 254-255
フォルトゥナ女神 213, 216
フォルニクス（コロッセウムのアーチ下の小区画） 177
フォルム（広場／市場）
　——・ボアリウム（牛市場） 206, 249
　——・ホリトリウム（青物市場） 44, 134
　アウグストゥスの—— 72（Ⅵ）, 229, 230
　ウェスパシアヌスの——（平和の——） 54, 230
　カエサルの——（——・ロマヌム） 228, 230
　トラヤヌスの—— 123, 232, 234, 241
　ネルウァの—— 230
プテオリ 11, 13, 15, 18-19
フラウィウス朝 19
フラウィウスの円形演技場 → コロッセウム
プラウトゥス 84, 88, 102, 122,

索引　277

186, 219, 223-224
フラミニウス街道　260
プリニウス，小　31, 33, 90-91, 100
プリニウス，大　34, 229
プリマ・ポルタ　33
プルタルコス　18, 97, 102
フルメンタナ門　47
フロラリア祭　213
フロンティヌス　34
平民競技祭　215
ペトロニウス　15-16, 111, 149, 159, 190
ペナテス（*Penates*）　196
ベネウェントゥム　25
ヘラクレス　15, 47, 206, 214
ヘリオス　159
ヘリオポリス　182
ペルシャ　86
ヘルシリア　245
ペルティナクス帝　138, 235
ボナ・デア（善の女神）→祭　217, 231
ポメリウム（*pomerium*）　29, 42-43, 46, 52, 58, 251, 259
ホラティウス（詩人）　25, 28, 32, 92, 96, 119, 251
ホラティウス（伝説上の人物）　250
ポリオ，ウェディウス　30-31
ホルテンシウス　56

ポルトゥス港　*17*
ポンペイ　6, 12, 16, 60
ポンペイウス　45, 47, 59, 70（Ⅴ）, 259
　　——劇場　68（Ⅳ）, 70（Ⅴ）, 259
ポンポニア　115

〔マ行〕

マイルストーン（里程標石）　22
マウリタニア　183
マサダ要塞　227
マッシリア（マルセイユ）　15
祭
　ウェスタリア——　213
　エクウス・オクトベル（10月馬）の——　214, 216
　コンスス——　216
　コンピタリア——　211
　サトゥルナリア——　133, 157, 203, 210, 217
　パリリア——　212
　パレンタリア——　39, 211
　フロラリア——　213
　ボナ・デア——　217, 231
　マグナ・マテル（大地母神）——　212
　ルペルカリア——　211
マグナ・マテル（太母神）
　——祭　212
　——神殿　245

マクロビウス　135

マケッルム（*macellum*）　121-122

マケッルム・マグヌム（大市場）　123

マケッルム・リウィアエ（リウィアの市場）　123

マメルティヌスの牢獄　202

マリウス（将軍）　259

マルクス・アウレリウス　10, 128, 234-235

——記念柱　234, 235

マルクス・アントニウス　59, 183, 201, 231, 246

マルケッルス劇場　252

マルス　72（Ⅵ）, 150, 212, 229, 240, 243, 256-257, 259-260

ミセヌム　42, 166

ミネルウァ女神　202, 230, 247

メガレシア競技祭　245

メッサリナ　59, 194

メッシナ　15

モンス・テスタケウス（陶片の山）　53

〔ヤ行〕

夜警隊（ウィギレス）　136, 141-142

ユウェナリス　53, 62-63, 74, 120, 123, 140, 158-159, 181, 244

ユグルタ　151

ユス・コンメルキイ（*ius commercii*）　131

ユノ女神　57, 202-203, 210

ユピテル　56-57, 65（Ⅰ）, 65（Ⅱ）, 198, 200-202, 206, 210-211, 214, 223, 247, 254

浴場

　アグリッパ——　239, 258

　カラカラ——（アントニニアヌス浴場）　169（Ⅶ）

　ティトゥス——　241

　トラヤヌス——　241-242

　ネロ——　240

　プテオリの——　19

　リウィア——　249

〔ラ行〕

ラウドゥスクラナ門　47

ラクス・クルティウス、「クルティウスの穴」　223

ラティウム平野　250

ラビリウス　56

リウィア浴場　249

リウィウス　47, 57, 106, 150, 202, 222

リキニウス・クラッスス　42

ルディ・ロマニ（ローマ大祭）　181, 214

ルドゥス・マグヌス　159

ルペルカリア祭　211

霊廟／墓

アウグストゥス―― 42, 206, 255-257, 260
　　聖ペトロの―― 58, 218, 235, 238
　　カエキリア・メテッラの―― *21*, 42
　　ハドリアヌス―― 42, 206, 255-256
レギア　225, 231
レギウム　15
レムス　59, 189, 244, 248
ロストラ　221-222, 231
ロムルス　43, 50, 53, 56-57, 59, 189, 200, 202, 216, 222, 225, 244-245, 248

本書は「ちくま学芸文庫」のために新たに訳出したものである。

謎解き『ハムレット』	河合祥一郎	優柔不断で脆弱な哲学青年——近年定着したこのハムレット像を気鋭の英文学者が根底から覆し、闇に包まれた謎の数々に新たな光のもと迫った名著。
日本とアジア ホームズと推理小説の時代	竹内　好	西欧化だけが日本の近代化の道だったのか。魯迅を敬愛する思想家が、日本の近代化、中国観・アジア観を鋭く問い直した評論集。(加藤祐三)
	中尾真理	ホームズとともに誕生した推理小説。その歴史を黎明期から黄金期まで跡付け、隆盛の背景とその展開を豊富な基礎知識を交えながら展望する。
文 学 と 悪	ジョルジュ・バタイユ 山本　功訳	文学にとって至高のものとは、悪の極限を掘りあてることではないのか。サド、ブルースト、カフカなど八人の作家を巡る論考。
来るべき書物	モーリス・ブランショ 粟津則雄訳	プルースト、アルトー、マラルメ、クローデル、ボルヘス、ブロッホらを対象に、20世紀フランスを代表する批評家が、その作品の精神に迫る。(吉本隆明)
プルースト 読書の喜び	保苅瑞穂	「失われた時を求めて」がかくも人を魅了するのはなぜなのか。この作品が与えてくれる愉悦を著者鍾愛の場面を通して伝える珠玉のエセー。(野崎歓)
中 国 詩 史	高橋和巳編訳吉川幸次郎	中国文学において常に主流・精髄と位置付けられてきた「詩文」。先秦から唐宋を経て近代まで、平明な文章で時代順にその流れが分かる。(川合康三)
宋 詩 選	小川環樹編訳	唐詩より数多いと言われる宋詩から、偉大なる詩人達の名作を厳選訳出して解釈すると、親しみやすい漢詩論としても読める、選者解説も収録。(佐藤保)
ペルシャの神話	岡田恵美子	天地創造神話から、『王書』に登場する霊鳥スィームルグや英雄ロスタムの伝説までをやさしく語る、ペルシャ文学の第一人者による入門書。(杏掛良彦)

アレクサンドロス大王物語	伝カリステネス 橋本隆夫訳	アレクサンドロスの生涯は、史実を超えた伝説として西欧からイスラムに至るまでの世界に大きな影響を与えた。伝承の中核をなす書物。（澤田典子）
西洋古典学入門	久保正彰	古代ギリシア・ローマの作品を原本に近い形で復原すること。それが西洋古典学の使命である。ホメーロスを解説。
貞観政要	呉兢 守屋洋訳	大唐帝国の礎を築いた太宗が名臣たちと交わした政治問答集。編纂されて以来、帝王学の古典として屹立する。本書では、七十篇を精選・訳出。
初学者のための中国古典文献入門	坂出祥伸	中国学を学ぶ時、必須となる古典の基礎知識。文献の体裁、版本の知識、図書分類他を丁寧に解説する。反切とは？ 偽書とは？
詳講 漢詩入門	佐藤保	二千数百年の中国文学史の中でも高い地位を占める古典詩。その要点を、形式・テーマ・技巧等により系統だてて、初歩から分かりやすく詳しく学ぶ。
シュメール神話集成	尾崎亨訳	「洪水伝説」「イナンナの冥界下り」ほか世界最古の神話・文学十六篇を収録。ほかでは読むことのできない貴重な原典資料。豊富な訳注・解説付き。
エジプト神話集成	屋形禎亮訳	文学、哲学、歴史等の諸分野で古代エジプト人の遺した、ピラミッド壁面の銘文ほか、神への讃歌、予言、人生訓など重要文書約三十篇を収録。
宋名臣言行録	朱熹編 梅原郁訳	不死・永生を希求した古代エジプト人の言動を大儒・朱熹が編纂。唐代の『貞観政要』と並ぶ帝王学の書であり、処世の範例集として今も示唆に富む。
資治通鑑	司馬光 田中謙二編訳	北宋時代、総勢九十六名に及ぶ名臣たちの言動を大儒・朱熹が編纂。唐代の『貞観政要』と並ぶ帝王学の書であり、処世の範例集として今も示唆に富む。 全二九四巻にもおよぶ膨大な歴史書『資治通鑑』のなかから、侯景の乱、安禄山の乱など名シーンを精選。破滅と欲望の交錯するドラマを流麗な訳文で。

十八史略
アミオ訳 孫子 【漢文・和訳完全対照版】

曾先之 編
今西凱夫 訳
三上英司

守屋淳 監訳・注解
臼井真紀 訳

『史記』『漢書』『三国志』等、中国の十八の歴史書をまとめた『十八史略』から、故事成語、人物にまつわる名場面を各時代よりセレクト。(三上英司)

最強の兵法書『孫子』。この書を十八世紀ヨーロッパに紹介したアミオによる伝説の訳業がついに邦訳。その独創的解釈の全貌がいま蘇る。(伊藤大輔)

陶淵明全詩文集
林田愼之助 訳注

中国・六朝時代最高の詩人、陶淵明。農耕生活から生まれた数々の名詩は、人生や社会との葛藤を映し出し、今も胸に迫る。待望の新訳注集、遂に成る。

和訳 聊斎志異
柴田天馬 訳

中国清代の怪異短編小説集。仙人、幽霊、妖狐たちが繰り広げるおかしくも艶やかな話の数々。日本の文豪たちにも大きな影響を与えた一書。(南條竹則)

フィレンツェ史(上)
ニッコロ・マキァヴェッリ
在里寛司／米山喜晟 訳

フィレンツェ史(下)
ニッコロ・マキァヴェッリ
在里寛司／米山喜晟 訳

権力闘争、周辺国との駆け引き、戦争、政権転覆……。マキァヴェッリの筆によりさらにドラマチックに彩られるフィレンツェ史。文句なしの面白さ!

古代ローマ時代からのフィレンツェ史を俯瞰することで見出された「歴史におけるある法則」……。マキァヴェッリの真骨頂が味わえる一冊!(米山喜晟)

ギルガメシュ叙事詩
矢島文夫 訳

古代メソポタミアの波乱万丈の物語。「イシュタルの冥界下り」を併録。最古の文学の初の邦訳。

メソポタミアの神話
矢島文夫

ニネベ出土の粘土書板に初期楔形文字で記された英雄ギルガメシュの叙事詩から、古代メソポタミアの代表的神話をやさしく紹介。第一人者による最良の入門書。(沖田瑞穂)

北欧の神話
山室静

「バビロニアの創世記」から「ギルガメシュ叙事詩」まで、古代メソポタミアの代表的神話をやさしく紹介。第一人者による最良の入門書。

キリスト教流入以前のヨーロッパ世界を鮮やかに語り伝える北欧神話。神々と巨人たちが織りなす壮大な物語をやさしく説き明かす最良のガイド。

道教とはなにか　坂出祥伸

「道教がわかれば、中国がわかる」と魯迅は言った。伝統宗教として現在でも民衆に根強く崇拝されている道教の全貌とその究極的真理を詳らかにする。

須弥山と極楽　定方 晟

仏教は宇宙をどう捉えたか。五世紀インドの仏書『倶舎論』の須弥山説を基礎に他説も参照し、仏教的宇宙観とその変遷を簡明に説いた入門書。(佐々木閑)

唯信鈔文意　親鸞／阿満利麿解説

『教行信証』と並ぶ親鸞の代表作『唯信鈔』への親鸞べく書かれた浄土仏教最善の入門書。弟子の疑問に答えるべく書かれた浄土仏教最善の入門書。

増補 日蓮入門　末木文美士

多面的な思想家、日蓮。権力に挑む宗教家、内省的な理論家、大らかな夢想家など、人柄に触れつつ遺文を読み解き、思想世界を探る。(花野充道)

反・仏教学　末木文美士

人間は本来的に、公共の秩序に収まらないものを抱えた存在だ。〈人間〉の領域＝倫理を超えた他者／死者との関わりを、仏教の視座から問う。

禅に生きる　鈴木大拙コレクション　鈴木大拙／守屋友江編訳

静的なイメージで語られることの多い大拙。しかし彼の仏教は、この世をよりよく生きていく力を与えるアクティブなものだった。その全貌に迫る著作選。文庫オリジナル。

文語訳聖書を読む　鈴木範久

明治期以来、多くの人々に愛読されてきた文語訳聖書。名句の数々とともに、日本人の精神生活と表現世界を豊かにした所以に迫る。文庫オリジナル。

内村鑑三交流事典　鈴木範久

近代日本を代表するキリスト者・内村鑑三。その多彩な交流は、一個の文化的山脈を形成していた。事典形式で時代と精神の姿に迫る。

ローマ教皇史　鈴木宣明

二千年以上、全世界に影響を与え続けてきたカトリック教会。その組織の中核である歴代のローマ教皇に沿って、キリスト教全史を読む。(藤崎衛)

ディスコルシ	ニッコロ・マキァヴェッリ／永井三明訳	ローマ帝国はなぜあれほどまでに繁栄しえたのか。その鍵は〝ヴィルトゥ〟。パワー・ポリティクスの教祖がしたたかに歴史を解読する。
戦争の技術	ニッコロ・マキァヴェッリ／服部文彦訳	出版されるや否や各国語に翻訳された最強にして安全な軍隊の作り方。この理念により創設された新生フィレンツェ軍は一五〇九年、ピサを奪回する。
マクニール世界史講義	ウィリアム・H・マクニール／北川知子訳	ベストセラー『世界史』の著者が人類の歴史を読み解くための三つの視点を易しく語る白熱のあとつの入門講義。本物の歴史感覚を学べます。文庫オリジナル。
古代ローマ旅行ガイド	フィリップ・マティザック／安原和見訳	タイムスリップして古代ローマを訪れるなら必見。そんな想定で作られた前代未聞のトラベル・ガイド。必見の名所・娯楽ほか情報満載。カラー頁多数。
古代アテネ旅行ガイド	フィリップ・マティザック／安原和見訳	古代ギリシャに旅行できるなら何を観て何を食べる？　そうだソクラテスにも会ってみよう！　神殿等の名所・娯楽ほか現地情報満載。カラー図版多数。
古代ローマ帝国軍非公式マニュアル	フィリップ・マティザック／安原和見訳	帝国は諸君を必要としている！　ローマ軍兵士として必要な武器、戦闘訓練、敵の攻略法等々、超実践的な詳細ガイド。血沸き肉躍るカラー図版多数。
世界市場の形成	松井透	世界システム論のウォーラーステイン、グローバルヒストリーのポメランツに先んじて、各世界が接続される過程を描いた歴史的名著を文庫化。（秋田茂）
甘さと権力	シドニー・W・ミンツ／川北稔／和田光弘訳	砂糖は産業革命の原動力となり、その甘さは人々のアイデンティティや社会構造をも変えていった。モノから見る世界史の名著をついに文庫化。欧州では（川北稔）
スパイス戦争	ジャイルズ・ミルトン／松浦怜訳	大航海時代のインドネシア、バンダ諸島。黄金より高価な香辛料ナツメグを巡り、英・蘭の男たちが血みどろの戦いを繰り広げる。（松園伸）

メディアの生成　水越 伸

無線コミュニケーションから、ラジオが登場する二〇世紀前半。人びとはいかなるもので何を生みだしたのか。この地殻変動はいかなるものか。捉え直す、メディア史の古典。

オリンピア　村川堅太郎

古代ギリシア世界最大の競技祭とはいかなるものであったのか。遺跡の概要から競技精神の盛衰まで、綿密な考証と卓抜な筆致で迫った名著。（橋場弦）

古代地中海世界の歴史　中村るい

メソポタミア、エジプト、ギリシア、ローマ─古代に花開き、密接な交流や抗争をくり広げた文明を一望に見渡し、歴史の躍動を大きくつかむ！

大衆の国民化　ジョージ・L・モッセ　佐藤卓己／佐藤八寿子訳

ナチズムを国民主義の極致ととらえ、フランス革命以降の国民主義の展開を大衆的儀礼やシンボルから考察した、ファシズム研究の橋頭堡。（板橋拓己）

英　霊　ジョージ・L・モッセ　宮武実知子訳

第一次大戦の大量死を人々はいかに超克したか。仲間意識・男らしさの称揚、英霊祭祀等が「戦争体験の神話」を構築する様を緻密に描く。（今井宏昌）

ナショナリズムとセクシュアリティ　ジョージ・L・モッセ　佐藤卓己／佐藤八寿子訳

何がリスペクタブルな振舞か。ナチズムへと至る国民主義の高揚の中で、性的領域を正常／異常に分けられていく。セクシュアリティ研究の先駆的著作。（福井憲彦）

ヴァンデ戦争　森山軍治郎

仏革命政府へのヴァンデ地方の民衆蜂起は、大量殺戮をもって弾圧された。彼らは何を目的に行動したか。凄惨な内戦の実態を克明に描く。

増補 十字軍の思想　山内 進

欧米社会にいまなお色濃く影を落とす「十字軍」の思想。人々を聖なる戦争へと駆り立てるものとは？その歴史を辿り、キリスト教世界の深層に迫る。

増補 決闘裁判　山内 進

名誉のために生命を賭して闘う。中世西洋の決闘裁判とはどのようなものであったか。現代に通じる当事者主義の法精神をそこに見る。（松園潤一朗）

古代ローマ旅行ガイド 一日5デナリで行く

二〇一八年六月十日　第一刷発行
二〇二五年四月十五日　第四刷発行

著者　フィリップ・マティザック
訳者　安原和見（やすはら・かずみ）
発行者　増田健史
発行所　株式会社　筑摩書房
　　　　東京都台東区蔵前二-五-三　〒一一一-八七五五
　　　　電話番号　〇三-五六八七-二六〇一（代表）
装幀者　安野光雅
印刷所　三松堂印刷株式会社
製本所　三松堂印刷株式会社

乱丁・落丁本の場合は、送料小社負担でお取り替えいたします。
本書をコピー、スキャニング等の方法により無許諾で複製する
ことは、法令に規定された場合を除いて禁止されています。請
負業者等の第三者によるデジタル化は一切認められていません
ので、ご注意ください。

© KAZUMI YASUHARA 2018　Printed in Japan
ISBN978-4-480-09871-9　C0122